AF275088

COLEX

Disfrute gratuitamente **DURANTE UN AÑO** de los eBook y audiolibros de las obras de Editorial Colex*

- ⊘ Acceda a la página web de la editorial **www.colex.es**

- ⊘ Identifíquese con su usuario y contraseña. En caso de no disponer de una cuenta regístrese.

- ⊘ Acceda en el menú de usuario a la pestaña «Mis códigos» e introduzca el que aparece a continuación:

RASCAR PARA VISUALIZAR EL CÓDIGO

Legítima y desheredación. Paso a paso

- ⊘ Una vez se valide el código, aparecerá una ventana de confirmación y su eBook y/o audiolibro estará disponible **durante 1 año desde su activación** en la pestaña «Mis libros» en el menú de usuario.

---

* Los audiolibros están disponibles en las ediciones más recientes de nuestras obras. Se excluyen expresamente las colecciones «Códigos comentados», «Biblioteca digital» y los productos de www.vademecumlegal.es.

No se admitirá la devolución si el código promocional ha sido manipulado y/o utilizado.

¡Gracias por confiar en nosotros!

La obra que acaba de adquirir incluye de forma gratuita la versión electrónica. Acceda a nuestra página web para aprovechar todas las funcionalidades de las que dispone en nuestro lector.

Funcionalidades eBook

Acceso desde cualquier dispositivo con conexión a internet

Idéntica visualización a la edición de papel

Navegación intuitiva

Tamaño del texto adaptable

Síguenos en:

LEGÍTIMA Y DESHEREDACIÓN

La legítima y desheredación en el Código
Civil y sus especialidades en territorios
con derecho civil especial o foral

LEGÍTIMA Y DESHEREDACIÓN

La legítima y desheredación en el Código
Civil y sus especialidades en territorios
con derecho civil especial o foral

3.ª EDICIÓN 2024

**Obra realizada por el Departamento de
Documentación de Iberley**

COLEX 2024

© Editorial Colex, S.L.
Calle Costa Rica, número 5, 3.º B (local comercial)
A Coruña, 15004, A Coruña (Galicia)
info@colex.es
www.colex.es

I.S.B.N.: 978-84-1194-721-3
Depósito legal: C 1642-2024

SUMARIO

ANEXO I.
CASOS PRÁCTICOS

ANEXO II.
FORMULARIOS

0.
INTRODUCCIÓN

La **legítima** es una porción de bienes de la que el testador no puede disponer libremente, ya que la ley la reserva a determinados herederos denominados **herederos forzosos**. Esta figura se regula en el Código Civil abarcando los **artículos 806** a **822**. El **artículo 806 del Código Civil** define la legítima como la parte de los bienes que el testador no puede disponer por haberla reservado la ley a ciertos herederos.

La protección de los legitimarios se regula en los **artículos 813 a 819 del Código Civil**.

Según el **artículo 813 del CC**, el testador no puede privar a los herederos de su legítima salvo en los casos expresamente determinados por la ley, ni puede imponer sobre ella gravamen, condición o sustitución, salvo lo dispuesto en cuanto al usufructo del viudo y lo establecido en los **artículos 782 y 808 del Código Civil**. En consecuencia, la legítima es la parte de la herencia que por ley corresponde a los herederos forzosos y de la cual no pueden ser privados. Esto se relaciona con el **artículo 763 del Código Civil**, que estipula que quien tenga herederos forzosos solo podrá disponer de sus bienes conforme a las limitaciones establecidas en la sección quinta de este capítulo, es decir, los **artículos 806** a **822 del Código Civil**.

Por su parte, la **sentencia del Tribunal Supremo n.º 468/2019, de 17 de septiembre**, refuerza esta idea al señalar que las legítimas limitan las facultades dispositivas del causante en beneficio de su cónyuge y parientes más próximos, operando a favor de los legitimarios y funcionando como un freno a la libertad de testar.

En cuanto a la **preterición** en el derecho sucesorio español, se encuentra regulada principalmente en el artículo 814 del Código Civil.

La preterición se define como la omisión de un heredero forzoso en el testamento. Según la RAE, es la «omisión, en la institución de herederos, de uno que ha de suceder forzosamente, según la ley». El artículo 814 establece que la preterición de un heredero forzoso no perjudica la legítima, y que se reducirá la institución de heredero antes que los legados, mejoras y demás disposiciones testamentarias.

La preterición puede ser intencional o no intencional, y cada una tiene efectos diferentes:

- **Preterición intencional**: ocurre cuando el testador omite voluntariamente al legitimario. En este caso, se reducirá la institución de heredero, luego los legados, mejoras y demás disposiciones testamentarias hasta que el legitimario reciba su legítima.

- **Preterición no intencional**: se produce por ignorancia del testador sobre la existencia del legitimario. Si se preterieron todos los herederos forzosos, se anularán las disposiciones testamentarias de contenido patrimonial. Si solo se omitió a algunos, se anulará la institución de herederos, pero valdrán las mandas y mejoras ordenadas, siempre que no sean inoficiosas.

La institución de heredero a favor del cónyuge solo se anulará en cuanto perjudique a las legítimas. Además, los descendientes de otro descendiente que no hubiere sido preterido representan a este en la herencia y no se consideran preteridos.

Si los herederos forzosos preteridos mueren antes que el testador, el testamento surtirá todos sus efectos, salvo las legítimas, prevaleciendo la voluntad del testador. La sentencia de la **Audiencia Provincial de Alicante n.º 384/2013, de 6 de noviembre**, aborda un caso de preterición testamentaria, destacando que la legítima es una cuota del patrimonio hereditario que la ley reserva a ciertos herederos, y que el testador debe respetar. La sentencia también distingue entre preterición intencional y no intencional, y sus respectivos efectos legales.

En resumen, la desheredación es una medida excepcional que debe basarse en causas legales específicas y debe ser probada si es cuestionada.

La reconciliación, en algunas ocasiones, puede anular la desheredación, y los descendientes del desheredado mantienen sus derechos a la legítima.

Por otro lado, las siguientes comunidades autónomas tienes su propia regulación en materia de legítima y desheredación:

- Aragón: **Decreto Legislativo 1/2011, de 22 de marzo**.

- Baleares: **Decreto Legislativo 79/1990, de 6 de septiembre, por el que se aprueba el texto refundido de la compilación del Derecho civil de las Islas Baleares**.

- Cataluña: **Ley 10/2008, de 10 de julio, del libro cuarto del Código Civil de Cataluña**.

- Galicia: **Ley 2/2006, de 14 de junio, de derecho civil de Galicia**.

- Navarra: **Ley 1/1973 de 1 de marzo, por la que se aprueba la Compilación del Derecho Civil Foral de Navarra**.

- País Vasco: **Ley 5/2015, de 25 de junio, de Derecho Civil Vasco**.

1.
LA LEGÍTIMA EN EL CÓDIGO CIVIL

¿Cómo regula el Código Civil la figura de la legítima?

La figura de la legítima se encuentra regulada en la **sección 5.ª**, capítulo II, título III del libro III del Código Civil, la cual **abarca los artículos 806 a 822 del citado texto legal.**

Se define en el artículo 806 del CC como aquella **porción de bienes de la que el testador no puede disponer por haberla reservado la ley** a determinados herederos, llamados por esto **herederos forzosos.** Por su parte, encontramos la regulación de **la protección de la que gozan los legitimarios** en los artículos 813 a 819 del Código Civil.

En este sentido, el **artículo 813 del Código Civil** señala que el testador **no podrá privar a los herederos de su legítima** sino en los casos expresamente determinados por la ley. **Tampoco podrá imponer sobre ella gravamen, ni condición, ni sustitución de ninguna especie,** salvo lo dispuesto en cuanto al usufructo de viudo y lo establecido en el **artículo 782** respecto a las sustituciones fideicomisarias y en el **artículo 808 del CC** respecto del o de los legitimarios que se encontraran en una situación de discapacidad.

En consecuencia, podemos establecer que **la legítima se constituye como aquella parte de la herencia que por ley corresponde a los llamados «herederos forzosos» y de la cual no pueden ser privados.** Lo antedicho debe ponerse en relación con lo previsto en el **artículo 763 del Código Civil,** mediante el que se estipula que, *«(...) El que tuviere herederos forzosos, sólo podrá disponer de sus bienes en la forma y con las limitaciones que se establecen en la sección quinta de este capítulo»,* esto es, de conformidad con lo prevenido en los **artículos 806 a 822 del Código Civil.** En este sentido se ha pronunciado la **sentencia del Tribunal Supremo n.º 468/2019, de 17 de septiembre, ECLI:ES:TS:2019:2854,** que refiere como sigue:

> «Las legítimas constituyen una limitación de las facultades dispositivas del causante en beneficio de su cónyuge y parientes más próximos, es decir operan a favor de los legitimarios. Funcionan como un freno a la libertad de testar; puesto que, como establece el art. 763 II CC, el que tuviere herederos forzosos sólo podrá disponer de sus bienes en la forma y con las limitaciones que se establecen en la sección quinta de este capítulo, es decir la reguladora de las legítimas».

¿Quiénes son los herederos forzosos? Conforme al **artículo 807 del CC** son:

- Los hijos y descendientes respecto de sus progenitores y ascendientes.
- A falta de los anteriores, los progenitores y ascendientes respecto de sus hijos y descendientes.
- El viudo o viuda en la forma y medida que establece el CC.

Apunta la **Audiencia Provincial de Madrid en la sentencia n.º 273/2021, de 30 de junio, ECLI:ES:APM:2021:9415,** que *«por heredero legitimario, heredero forzoso en la terminología del Código Civil, ha de entenderse los enumerados en los apartados 1.º y 2.º del artículo 807, no así el cónyuge como ha declarado la doctrina y la jurisprudencia, en atención a la peculiaridad de que concurriendo con otros coherederos, en realidad, siempre sucede en usufructo. Caso de que el causante haya instituido heredero al cónyuge en el mismo, concurrirá la doble condición de heredero y legitimario, pero como legitimario su legítima seguirá siendo en usufructo y, por tanto, quedará fuera de la colación. Igualmente quedarán al margen aquellos que, no obstante, tengan la condición de herederos no sean legitimarios y aquellos legitimarios que no ostenten la condición de herederos».*

Asimismo, la **Audiencia Provincial de Bizkaia en la sentencia n.º 171/2021, de 29 de mayo, ECLI:ES:APBI:2021:2283,** manifiesta lo siguiente:

> «Y si bien es cierto que la jurisprudencia de esta sala ha asumido una posición no dogmática en el tema de la naturaleza jurídica de la legítima del viudo, de forma que se ha afirmado su cualidad de heredero a los efectos de reconocerle el derecho de intervenir en las operaciones particionales o a los de negarle la posibilidad de ser contador partidor, sin embargo hemos negado que el cónyuge viudo deba responder por las deudas hereditarias. En este sentido se ha observado que la propia dicción literal del artículo 807 número 3 del Código Civil limita el alcance de su afirmación, pues declara que el viudo o viuda es 'heredero forzoso' sólo 'en la forma y medida que establece este Código', es decir, de una forma limitada y no absoluta.
>
> En definitiva, aun cuando su posición jurídica no sea absolutamente idéntica a la del genuino sucesor universal, particularmente en la cuestión de la responsabilidad por deudas hereditarias (sentencia de 11 de enero de 1950), el viudo/a es legitimario, siendo la ley la que le atribuye directamente la legítima (sucesor ex lege). Y en todo caso, de lo que no cabe duda es de su derecho a promover el juicio de división de la herencia (art. 782.1LEC), máxime en un supuesto como el presente en el que, al margen de su cuota legal usufructuaria, tiene por voluntad del causante el carácter de legataria de parte alícuota, al disponer en el testamento que 'para el supuesto de que los bienes objeto del presente legado no cubrieran el tercio de libre disposición de la herencia [...], además de la cuota legal usufructuaria que por ley corresponde a su esposa, ordena que se complete hasta dicho cómputo conjunto con dinero efectivo metálico de la titularidad del testador'».

CUESTIONES

1. ¿Qué ocurrirá cuando no existan herederos forzosos?

En el supuesto de que el testador no tuviere herederos forzosos, este **podrá disponer por testamento de todos sus bienes o de parte de ellos en favor de cualquier persona que tenga capacidad para adquirirlos** tal y como prevé el **artículo 763 del Código Civil**.

2. ¿Y si el testador ha dejado al heredero forzoso menos de la legítima que le corresponda?

En el supuesto de que el testador le haya dejado al heredero forzoso, por cualquier título, menos de la legítima que le corresponda, a tenor de lo dispuesto en el **artículo 815 del Código Civil**, este **podrá pedir el complemento de la misma**.

De todo ello se desprende que **las legítimas suponen un límite a la libertad del testador**. No obstante, no impide que pueda llevar a cabo todo tipo de actos dispositivos *inter vivos*, sin perjuicio de su reducción por inoficiosidad, como así considera el **artículo 817 del Código Civil** al estipular que las disposiciones testamentarias que mengüen la legítima de los herederos forzosos se reducirán, a petición de estos, en lo que fueren inoficiosas o excesivas. En este sentido cabe citar, por ejemplo, la **sentencia del Tribunal Supremo n.º 502/2014, de 2 de octubre, ECLI:ES:TS:2014:3690**.

Por último, cabe advertir que, aunque de la definición de la legítima otorgada en nuestro ordenamiento jurídico parece desprenderse que esta figura únicamente entra en juego en la sucesión testada, al disponer el artículo 806 del Código Civil que esta es *«(...) la porción de bienes de la que el testador no puede disponer (...)»,* **la legitima se aplica tanto en los casos de sucesión testada como en aquellos en los que se produzca la sucesión intestada.**

‖ Naturaleza jurídica de la legítima

Tal y como hemos puesto de manifiesto en el apartado inmediatamente anterior, la legítima se erige como una limitación de las facultades del testador, funcionando como un «freno» a la libertad de testar. Sin embargo, respecto de su naturaleza jurídica, la doctrina y jurisprudencia han venido manteniendo diferentes teorías:

| a) Legítima como *PARS VALORIS*

De conformidad con la concepción de la legítima como *pars valoris*, esta se configura como un **derecho de crédito que el legitimario ostenta frente a la herencia, derecho de crédito, de carácter personal y pagable en dinero,** constituyéndose este, por lo tanto, como un acreedor de la misma.

| b) Legítima como *PARS HEREDITATIS*

Esta teoría **concibe la legítima como una parte de la herencia, parte alícuota del caudal hereditario con todo su activo y pasivo,** basándose sustancialmente en que el Código Civil llama reiteradamente a los legitimarios «herederos forzosos». Esta postura fue mantenida durante un tiempo por nuestro Alto Tribunal, así, la STS n.º 685/1989, de 8 de mayo, ECLI:ES:TS:1989:15730, haciendo explícita mención de las teorías respecto de la naturaleza jurídica de la legítima aquí destacadas, se acoge a esta señalando lo que sigue:

> «(...) La sentencia de 31 de marzo de 1970 establece que **"en nuestro Ordenamiento jurídico, por tener dicha institución (la legítima) la consideración de "pars hereditatis" y no de "pars valoris", es cuenta herencial y ha de ser abonada con bienes de la herencia,** porque los legitimarios son cotitulares directos del activo hereditario y no se les puede excluir de los bienes hereditarios, salvo en hipótesis excepcionales - arts. 829 , 838 , 840 y párrafo 2.º del art. 1056 del Código Civil. ", y la de 13 de abril de 1963 dice que "partiendo de la base de que la legítima es de orden público, de que no puede disponer el testador, por venir impuesta por la ley, ni hacer recaer gravamen ni limitación alguna, esto es, que ha de llegar al heredero legítimo con pleno dominio sobre los derechos que la integran"; de la mayoritaria doctrina científica y de la sentada en las citadas sentencias de esta Sala, **se concluye el carácter de cotitular de todos los bienes hereditarios del legitimario en tanto no se practique la partición de la herencia, en la que ha de respetarse cualitativa y cuantitativamente la legítima a cuyo pago quedan afectaos, entre tanto, todos los bienes relictos, careciendo el heredero testamentario de facultades dispositivas sobre ellos en tanto subsista la comunidad** sin que pueda enajenar por sí solo bienes determinados si no es con eficacia puramente condicional, o sea subordinada al hecho de que la cosa vendida le sea adjudicada en la partición (...)».

CUESTIÓN

¿La concepción de la legítima como pars hereditatis, impide al testador disponer de alguno de los bienes de la herencia en su totalidad a favor de un legitimario o de cualquier otra persona?

No. La calificación de la legítima como *pars hereditatis* (parte alícuota del caudal hereditario con todo su activo y su pasivo) no impide que el testador pueda disponer de alguno de los bienes de la herencia en su totalidad a favor de un legitimario o de otra persona, **siempre que se respete la legítima de sus herederos forzosos y esta se pague con bienes de la herencia.** (STS n.º 338/1997, de 26 de abril, ECLI:ES:TS:1997:2953).

| c) Legítima como *PARS VALORIS BONORUM*

Los partidarios de esta teoría consideran la legítima como *pars valoris bonorum*, dada la definición del artículo 806 del Código Civil, con la consecuencia de que **el legitimario participa de todos los bienes de la herencia y ha de ser satisfecha, excepto en los casos legalmente establecidos, con bienes de la misma,** formando el legitimario parte de la comunidad hereditaria en tanto la herencia se halle pendiente de liquidación.

| d) Legítima como *PARS BONORUM*

A tenor de esta concepción, la legítima es concebida como una **porción de los bienes existentes en el caudal del finado que, por cualquier título, deberá recibir el legitimario.** Es decir, junto con los herederos del causante se encontrará el legitimario (como cotitular) en tanto en cuanto no le haya sido satisfecha su legítima, constituyéndose esta, a fecha de la presente, como la teoría mayormente adoptada.

La **Dirección General de los Registros y del Notariado (ahora Dirección General de Seguridad Jurídica y Fe Pública) se pronuncia en esta línea al establecer en su resolución de 1 de marzo de 2006**, que:

> «En efecto la legitima en nuestro Derecho común (y a diferencia de otros ordenamientos jurídicos nacionales, como el catalán) se configura generalmente como una «pars bonorum», y se entiende como una **parte de los bienes relictos que por cualquier título debe recibir el legitimario**, sin perjuicio de que, en ciertos supuestos, reciba su valor económico o pars valoris bonorum. De ahí, que se imponga la intervención del legitimario en la partición, dado que tanto el inventario de bienes, como el avalúo y el cálculo de la legitima, son operaciones en las que ha de estar interesado el legitimario, para preservar la intangibilidad de su legítima».

En relación con la **protección jurídica que se otorga a la legítima en el derecho sucesorio español,** la Sala lo Civil de nuestro Alto Tribunal, se ha manifestado en su **STS n.º 468/2019, de 17 de septiembre, ECLI:ES:TS:2019:2854,** conforme sigue:

> «El sistema legitimario no impide la validez de las disposiciones gratuitas realizadas a favor de los herederos forzosos y terceros, siempre que no perjudiquen a los otros colegitimarios (art. 819 CC). Las legítimas no constituyen una pars reservata bonorum (parte reservada de los bienes), dado que el testador puede disponer inter vivos y mortis causa de su patrimonio, si bien bajo una eficacia condicionada a la defensa de la intangibilidad cuantitativa que, de sus legítimas, hagan los legitimarios (STS 695/2005, de 28 de septiembre , que cita a su vez las sentencias de 31 de marzo de 1.970 y 20 de noviembre de 1.990)».

|| Intangibilidad de la legítima

Debemos establecer una distinción entre la intangibilidad cuantitativa y cualitativa de la legítima. A este respecto, cabe traer a colación la **sentencia del Tribunal Supremo n.º 524/2012, de 18 de julio, ECLI:ES:TS:2012:5678,** donde los magistrados de nuestro Alto Tribunal hacen explícita referencia a esta distinción:

| a) Intangibilidad cuantitativa

A ella se refiere nuestro legislador cuando en el párrafo primero del **artículo 813 del Código Civil** establece que *«El testador no podrá privar a los herederos de su legítima sino en los casos expresamente determinados por la ley».* Lo dispuesto en el referido artículo debe ponerse en relación con lo dispuesto en el **artículo 815 del Código Civil**, toda vez que este refuerza la eficacia del primero al legitimar **al heredero forzoso a quien el testador haya dejado por cualquier título menos de la legítima que le corresponde, para pedir el complemento de la misma.**

| b) Intangibilidad cualitativa

Con la intangibilidad cualitativa la ley **impide al testador imponer un gravamen al legitimario (art. 813 párrafo segundo del CC)**: *«(...) Tampoco podrá imponer sobre ella gravamen, ni condición, ni sustitución de ninguna especie, salvo lo dispuesto en cuanto al usufructo del viudo y lo establecido en los artículos 782 y 808».* A este respecto, cabe hacer mención al contenido del artículo 824 del Código Civil por el que se prevé que *«No podrán imponerse sobre la mejora otros gravámenes que los que se establezcan en favor de los legitimarios o sus descendientes».*

CUESTIONES

1. ¿La lesión por parte del testador de la intangibilidad de la legítima conllevará efectos de nulidad?

No. El incumplimiento de la **intangibilidad cualitativa** dispuesta en nuestro ordenamiento jurídico producirá la **anulación del gravamen impuesto al legitimario** mientras que el incumplimiento, por parte del testador, de la **intangibilidad cuantitativa** da lugar al **complemento de la legítima** previsto en el **artículo 815 del CC**. Por tanto, ninguno de estas lesiones produce la nulidad. En cualquier caso, **la intangibilidad afecta al causante, que no puede ni gravar al legitimario, ni dejarle menos de lo que por legítima le corresponda y abre las acciones que este tiene para corregir las disposiciones que le perjudican.** Cuando no sean corregidas las disposiciones del causante y en virtud de estas la lesión se produce en la partición, no se puede hablar de intangibilidad, sino de corrección de las operaciones particionales, y ello de conformidad con la respuesta dada en la **STS n.º 524/2012, de 18 de julio, ECLI:ES:TS:2012:5678**, por la que la Sala termina concluyendo que: *«(...) Si la legítima se ha lesionado en las operaciones particionales, se conceden a los legitimarios las acciones de complemento de legítima, sin que ello comporte declarar la nulidad de las operaciones particionales. Así, por ejemplo, la STS de 31 mayo 1980 dijo que «El perjuicio de la legítima en la partición efectuada por el testador (art. 1075) exige la rectificación particional aunque no excediere de la cuarta parte"».*

2. ¿Es posible la aplicación de alguna excepción al principio de intangibilidad de la legítima?

Señala el **artículo 808 del Código Civil** que, cuando alguno o varios de los legitimarios se encontraren en una situación de discapacidad, el testador podrá disponer a su favor de la legítima estricta de los demás legitimarios sin discapacidad. En tal caso, salvo disposición contraria del testador, lo así recibido por el hijo beneficiado quedará gravado con sustitución fideicomisaria de residuo a favor de los que hubieren visto afectada su legítima estricta y no podrá aquel disponer de tales bienes ni a título gratuito ni por acto *mortis causa*. Si el testador hace uso de esta facultad, deberá el hijo que impugne el gravamen de su legítima estricta acreditar que no concurre causa que la justifique.

1.1. Los herederos forzosos

Concepto de herederos forzosos

El Diccionario de español jurídico define la figura de **heredero forzoso** como aquella *«persona a la que la ley, debido a cierto vínculo parental próximo* *con el causante, reconoce el derecho a heredar al menos una parte del patrimonio de este, llamada legítima»*. También puede denominarse **legitimario/a**, cuya definición es análoga a la expuesta.

Hemos de recordar que por **legítima** se entiende, a tenor de lo establecido en el **artículo 806 del Código Civil**, *«la porción de bienes de que el testador no puede disponer por haberla reservado la ley a determinados herederos, llamados por esto herederos forzosos»*.

En este sentido, es en el **artículo 807 del Código Civil** donde nuestro ordenamiento jurídico lleva a cabo una enumeración de aquellas personas que ostentarán dicha condición, y son las siguientes:

- Los hijos y descendientes respecto de sus progenitores y ascendientes.

A TENER EN CUENTA. Se entenderá por hijos tanto los biológicos como los adoptados, sin que exista ningún tipo de situación preferencial entre uno y otro.

- A falta de los anteriores, los progenitores y ascendientes respecto de sus hijos y descendientes.

- El viudo o viuda del causante, a quien se le atribuye, conforme a los **artículos 834** y **837 del Código Civil**, un derecho de usufructo parcial de la herencia.

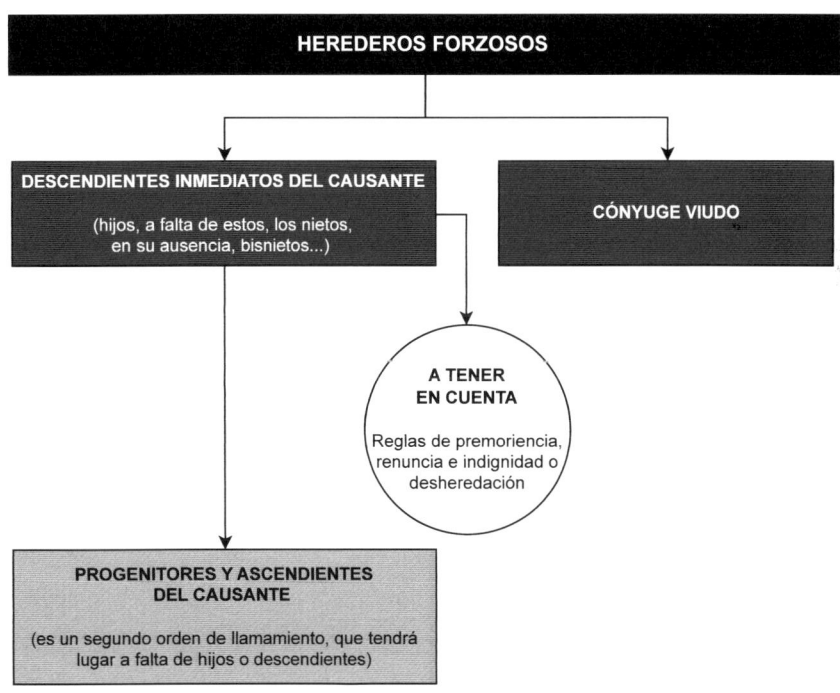

CUESTIÓN

¿Debe ser el legitimario necesariamente heredero?

No. El legitimario no es necesariamente heredero toda vez que el primero podrá recibir su porción de la herencia por cualquier título, sin que la legítima equivalga a cuota de la herencia, al ser ésta calculada en atención al activo del haber hereditario una vez deducido el pasivo. En este sentido se pronuncia la **Sala de lo Civil del Tribunal Supremo en su sentencia n.º 1206/2003, de 24 de diciembre, ECLI:ES:TS:2003:8466**, el legitimario no es necesariamente heredero, y la legítima no equivale a cuota de herencia, por lo que es preciso haber probado la cualidad de heredero mediante testamento o declaración de herederos.

La llamada «herencia forzosa» es generalmente entendida, según la posición doctrinal más ampliamente compartida, como un derecho a percibir por cualquier título una cierta cuantía del patrimonio del causante o su valor y, en cierta medida, ha de ser mencionado en el testamento, quedando entonces a elección del testador el título por el que la percepción va a tener lugar o ya ha sido realizada. (STS n.º 661/2006, de 29 de junio, ECLI:ES:TS:2006:4636).

RESOLUCIÓN RELEVANTE

Sentencia de la Audiencia Provincial de Tenerife n.º 312/2021, de 5 de abril, ECLI:ES:APTF:2021:550

«La solución a esa cuestión (que no solo es teórica sino también práctica pues, por ejemplo, si el legitimario que no es heredero no responde personalmente de las deudas del difunto) no viene dada por la circunstancia de que el Código Civil emplee en determinados preceptos los términos «herederos forzosos» (arts. 806 y 807 del CC), pues se trata de una terminología inexacta, sino por la circunstancia de que el llamamiento, por ley o por testamento, haya sido como sucesor a título universal. La posición mayoritaria de la doctrina y la jurisprudencia es la de que el legitimario no ha de ser forzosamente heredero como se sostiene en la sentencia del Tribunal Supremo de 24 de diciembre de 2003 (o en las anteriores de 20 junio 1986, 20 febrero 1981 y 8 mayo 1989), pues la legítima no equivale a cuota de herencia, por lo que es preciso haber probado la cualidad de heredero mediante testamento o declaración de herederos. Es decir, el legitimario podrá recibir su porción por cualquier título (heredero, legatario o donatario) y no tiene derecho a una cuota de la herencia propiamente dicha ya que la legítima se calculará en atención al activo líquido resultante una vez deducido el pasivo».

La preterición de un heredero forzoso

La **preterición** se define en el DEJ RAE como la *«omisión en el testamento de un legitimario en línea recta ascendente o descendente»*. Dicha preterición puede ser de dos clases, intencional o no intencional, resultando sus consecuencias jurídicas diferentes. Encontramos la regulación de la preterición en el **artículo 814 del Código Civil** que comienza poniendo de manifiesto que **la preterición de un heredero forzoso no perjudica la legítima**.

- **Preterición intencional.** Tendrá lugar cuando el testador, de manera voluntaria, omite nombrar a un legitimario en la herencia. Respecto a los efectos jurídicos de la preterición intencional, el legislador prevé que tendrán lugar las siguientes **reducciones hasta que el preterido reciba la legítima que legalmente le corresponde:**

  - En primer lugar, se reducirá la institución de heredero.

- Posteriormente, los legados, mejoras y demás disposiciones testamentarias.

- **Preterición no intencional.** La preterición no intencional de hijos o descendientes producirá efectos diferentes según el supuesto en el que nos encontremos:

- Omisión de todos los herederos forzosos: si el testador hubiere omitido a todos, se anularán las disposiciones testamentarias de contenido patrimonial.

  - Si solo **se ha omitido a alguno o algunos de los herederos forzosos,** el artículo 814 del Código Civil señala los mismos efectos jurídicos que recoge para la preterición intencional, esto es, **se reducirá la institución de heredero, luego los legados, mejoras y demás disposiciones testamentarias hasta que reciba el legatario preterido su legítima estricta.**

En este sentido, manifiesta la **sentencia de la Audiencia Provincial de Málaga n.º 10/2021, de 12 de enero, ECLI:ES:APMA:2021:2550**, que:

> ««(...) La (preterición) intencional se produce cuando el testador sabía que existía el legitimario preterido, al tiempo de otorgar testamento y la no intencional o errónea, cuando el testador omitió la mención de legitimario hijo o descendiente ignorando su existencia, siempre al tiempo de otorgar testamento (así la distinguen las sentencias de 30 de enero de 1995 (RJ 1995, 388), 23 de enero de 2001 y 22 de junio de 2006 (RJ 2006, 3082)). Los efectos son bien distintos: mientras en la intencional se rescinde la institución de heredero en la medida que sea precisa para satisfacer la legítima y si no basta, se rescinden los legados a prorrata, en la errónea de alguno de los hijos o descendientes, se anula la institución de heredero y si no basta, los legados. En todo caso, proclamada artículo 814 del Código civil la preterición de un legitimario no perjudica la legítima, como dice el artículo 813'».

A tenor de la regulación de la preterición, el legislador estipula que, los descendientes de otro descendiente que no hubiera sido preterido representarán a este en la herencia del ascendiente, (a pesar de que el testador no los haya referido en ella) sin que se considere que estos hayan sido preteridos. Asimismo, se prevé que, **en aquellos supuestos en los que los herederos forzosos preteridos mueran antes que el testador, el testamento surtirá todos sus efectos.**

Por último, cabe advertir que **a salvo de las legítimas, deberá prevalecer, en todo caso, la voluntad testamentaria dispuesta por el testador.**

CUESTIONES

1. ¿La acción de impugnación testamentaria por preterición no intencional de un heredero forzoso está sujeta a plazo de caducidad?

Sí. En palabras del Tribunal Supremo, la cuestión interpretativa que presenta el artículo 814 del Código Civil acerca de la naturaleza de la ineficacia derivada y su relación con los regímenes típicos de la misma, nulidad radical, anulabilidad o rescisión, debe de ser resuelta en favor de este último, esto es, la rescisión, y ello por razón de su carácter funcional, parcial, relativo y sanable. Así pues, y en aplicación de la doctrina jurisprudencial emanada del Tribunal Supremo, la acción de impugnación testamentaria por preterición está sujeta a régimen de caducidad, sin que sea posible la interrupción prescriptiva propia del régimen de los contratos y dicho plazo de caducidad (conforme al tronco común de la rescisión) será de **cuatro años**. Plazo que, para las personas sujetas a tutela y para los ausentes, no comenzará a transcurrir hasta que haya cesado la incapacidad de los primeros, o sea conocido el domicilio de los segundos. (STS n.º 695/2014, de 10 de diciembre, ECLI:ES:TS:2014:5773).

2. ¿Qué parte de la legítima (estricta o larga) corresponderá a los hijos preteridos intencionalmente cuando concurren con no legitimarios?

De conformidad con lo dispuesto en la **STS n.º 342/2020, de 23 de junio, ECLI:ES:TS:2020:2070**, la legítima de los hijos preteridos intencionalmente cuando estos concurren con no legitimarios (en el caso de autos, sobrinos del testador), es la larga de dos tercios, al respecto establece el TS:

«Con arreglo al art. 814 LEC, la preterición intencional de un heredero forzoso «no perjudica la legítima», lo que significa que tiene derecho a percibirla con cargo al caudal, es decir que el legitimario ingresa en la comunidad de herederos como un heredero por la cuota representada por su legítima. Para ello, el precepto ordena que la reducción comience por la institución de heredero antes que los legados, mejoras y demás disposiciones testamentarias.

La Audiencia ha considerado que la legítima de los legitimarios que no puede ser perjudicada es la corta o estricta (un tercio) y los legitimarios preteridos recurren en casación argumentando que tienen derecho a la legítima larga (dos tercios).

La decisión de la Audiencia coincide con la que propone la doctrina y esta sala ha mantenido cuando el hijo o descendiente preterido intencionalmente concurre con otros hijos o descendientes no preteridos (sentencias 310/1998, de 6 de abril, y 752/2002, de 9 de julio), aplicando a la redacción del art. 814.I CC después de la reforma por la Ley 11/1981, de 13 de mayo, el mismo criterio que se había mantenido ya para la desheredación injusta, para una norma semejante (art. 851 CC), en la sentencia de 23 de enero de 1953. La razón que justifica que solo tenga derecho a la legítima corta el hijo o descendiente preterido intencionalmente que concurre con otros hijos o descendientes del mismo rango es que, contra la voluntad del padre, solo tiene derecho a la legítima estricta, y fuera de ese límite la voluntad del causante es ley de la sucesión (arts. 808 y 675 CC), ya que puede distribuir libremente entre sus descendientes, de ser varios, las porciones previstas en la ley (art. 808 y 823 CC).

Por esta razón, la pauta para interpretar cual es la legítima que la preterición intencional del hijo o descendiente no puede "perjudicar" (art. 814.I CC) debe estarse a las facultades de disposición testamentarias del padre.

Por esta razón, frente a los demás legitimarios, el preterido tiene derecho a la legítima estricta, pero frente a los extraños, frente a quienes no sean legitimarios, sus derechos son de dos tercios, tal y como se aplicó, en las sentencias 981/2004, de 7 de octubre, y 613/2010, de 8 de octubre».

La renuncia o transacción sobre la legítima futura de los herederos forzosos

Nuestro ordenamiento jurídico no permite la renuncia o transacción sobre la legítima futura. Así se desprende de lo dispuesto en el **artículo 816 del Código Civil** que prevé que *«toda renuncia o transacción sobre la legítima* *futura entre el que la debe y sus herederos forzosos es nula, y éstos podrán reclamarla cuando muera aquél; pero deberán traer a colación lo que hubiesen recibido por la renuncia o transacción».*

Así pues, tal y como se desprende del meritado artículo, la renuncia a la legítima en vida del causante es nula, y no afectará a los herederos forzosos del renunciante que podrán reclamarla cuando aquel muera. Ahora bien, cabe advertir que, en aquellos supuestos en los que la renuncia se produzca **abierta la sucesión, esta será válida.** (En este sentido, resulta de interés la lectura del supuesto práctico sobre los efectos de la renuncia hecha por heredero forzoso una vez abierta la sucesión).

1.2. El alcance de la legítima

¿Qué alcance tiene la legítima en la sucesión forzosa?

En lo que respecta al **alcance** de la legítima, es preciso tener en cuenta los siguientes aspectos:

- La legítima de los **descendientes**. El **artículo 808 del CC** entiende que constituye la legítima de los hijos y descendientes las **dos terceras partes del haber hereditario de los progenitores**. No obstante, estos podrán disponer, en concepto de mejora, a favor de alguno o algunos de sus hijos o descendientes ya lo sean por naturaleza ya por adopción, de una de las dos terceras partes destinadas a legítima. La tercera parte restante será de libre disposición.

- La legítima de los **ascendientes** se encuentra regulada en los **artículos 809 a 812 del CC** y se traduce en la mitad del haber hereditario, salvo el caso en que concurrieren con el cónyuge viudo del descendiente causante, en cuyo supuesto será de una tercera parte de la herencia.

- La legítima del **cónyuge** encuentra su regulación en los **artículos 834 a 840 del Código Civil** y se traduce en el usufructo del tercio de mejora, de la mitad de la herencia o de los dos tercios de la misma, dependiendo de si concurre a la herencia con hijos o descendientes, con ascendientes o si no existen descendientes ni ascendientes.

> A TENER EN CUENTA. El artículo 836 del CC está suprimido por la **Ley 11/1981, de 13 de mayo.**

En resumen, la legítima constituye para los legitimarios una participación sobre el valor total de la herencia.

Como ya veremos, en nuestro país, existen diferentes regulaciones de derecho civil foral y, dependiendo de la vecindad civil del testador, la legítima será diferente, en este sentido puede citarse, a título de ejemplo, y sin perjuicio de las especialidades que puedan preverse, la legítima en Galicia que será de un cuarto, en País Vasco de un tercio o en Aragón de la mitad del caudal hereditario.

Un caso especial es Navarra. Aquí el testador tendrá absoluta libertad de disponer lo que desee en su testamento, es decir, no tendrá ningún tipo de obligación respecto a la legítima.

Para el cálculo de la legítima, es necesario realizar varias operaciones, fundamentalmente las llamadas de computación y de imputación, que serán objeto de desarrollo en los siguientes puntos. Además, en los casos que proceda, será necesario abordar una fase denominada reducción.

1.2.1. La legítima de los descendientes

¿En qué consiste la legítima de los descendientes?

La legítima es definida por el artículo 806 del Código Civil, como la porción de bienes de que el testador no puede disponer por haberla reservado la ley a determinados herederos, llamados por esto herederos forzosos.

En este sentido, respecto de la legítima que corresponde a los descendientes, el artículo 808 del Código Civil entiende que constituyen la legítima de los hijos y descendientes las dos terceras partes del haber hereditario de los progenitores.

La tercera parte restante del haber hereditario será de libre disposición.

Añade, asimismo, el artículo 808 del CC respecto de los legitimarios en situación de discapacidad:

> «Cuando alguno o varios de los legitimarios se encontraren en una situación de discapacidad, el testador podrá disponer a su favor de la legítima estricta de los demás legitimarios sin discapacidad. En tal caso, salvo disposición contraria del testador, lo así recibido por el hijo beneficiado quedará gravado con sustitución fideicomisaria de residuo a favor de los que hubieren visto afectada su legítima estricta y no podrá aquel disponer de tales bienes ni a título gratuito ni por acto mortis causa.
>
> Cuando el testador hubiere hecho uso de la facultad que le concede el párrafo anterior, corresponderá al hijo que impugne el gravamen de su legítima estricta acreditar que no concurre causa que la justifique».

RESOLUCIÓN RELEVANTE

Sentencia de la Audiencia Provincial de A Coruña n.º 234/2020, de 30 de septiembre, ECLI:ES:APC:2020:2137

«Conforme al criterio interpretativo, expuesto en la sentencia de 28 de abril de 2015 de la Sala de lo Civil del Tribunal Supremo, aunque en el sistema sucesorio recogido en el Código Civil uno de los principios que lo rigen es la reconocida e indiscutible soberanía de la voluntad del testador en la disposición mortis causa de su patrimonio, verdadero fundamento de la sucesión testada que se basa en el principio de la propiedad privada y en el principio de la autonomía de la voluntad ambos recono-

cidos en la Constitución Española, artículo 33.1 y deducidos del artículo 658, primer párrafo, primer inciso del Código Civil , dicho principio no tiene un carácter absoluto, pues tiene el límite establecido a la facultad de dispones mortis causa, en el artículo 808 del expresado Código , que es la legitima, que es intangible cuantitativamente y cualitativamente, conforme añade el artículo 813.

En tal sentido, la sentencia número 395/2009 , de la Sala de lo Civil del Tribunal Supremo, de fecha 22 de mayo: ' La cuestión de derecho esencial, base jurídica del presente litigio, que se plantea a la Sala es la naturaleza y eficacia de las adjudicaciones de bienes que, a modo de normas particionales, hace el testador. La respuesta casacional se da en tres partes.

La primera, es la reconocida e indiscutible soberanía de la voluntad del testador en la disposición mortis causa de su patrimonio: es el verdadero fundamento de la sucesión testada que se basa en el principio de la propiedad privada en cuanto transmisible mortis causa y en el principio de la autonomía de la voluntad, ambos reconocidos en la Constitución Española, artículo 33.1 y deducidos del artículo 658, primer párrafo, primer inciso, del Código civil . Lo que tiene el límite a la facultad de disponer mortis causa , establecido en el artículo 808 del Código civil que es la legítima, que es intangible cuantitativamente y cualitativamente, conforme añade el artículo 813».

Las mejoras (tercio de mejora)

Los progenitores podrán disponer de una parte de las dos que forman la legítima, para aplicarla como **mejora** a sus hijos o descendientes. Igual que la legítima, el tercio de mejora está destinado a los herederos forzosos.

En este sentido se pronuncia el **artículo 823 del Código Civil**, cuando precisa que cualquiera de los progenitores podrá disponer en concepto de mejora a favor de alguno o algunos de sus hijos o descendientes, ya lo sean por naturaleza ya por adopción, de una de las dos terceras partes destinadas a la legítima.

A TENER EN CUENTA. Hay distinguir entre la mejora y el tercio de mejora. El tercio de mejora es la porción de bienes que los progenitores pueden establecer exclusivamente a favor de sus hijos o descendientes y la mejora es el acto de disponer los de bienes que los progenitores pueden realizar a favor de uno o varios hijos o descendientes, pero a cargo del tercio que disponen para mejora.

La asignación de la mejora será siempre por **voluntad del testador**, por lo que el mismo, podrá, **asignar todos los bienes destinados al tercio de mejora** a uno o varios hijos, **asignar solo una parte de los bienes integrantes del tercio de mejora** a favor de uno o algunos de los hijos o por el contrario, **no disponer del tercio destinado** a mejora, en estos dos últimos casos los bienes destinados al tercio de mejora se integrarán en el tercio de legítima estricta, y deberán ser repartidos por partes iguales entre sus hijos o descendientes.

Es decir, **el testador no tiene que repartir sus bienes equitativamente entre sus hijos o descendientes** siempre que respete el tercio de la legitima estricta.

RESOLUCIÓN RELEVANTE

Sentencia de la Audiencia Provincial de Madrid n.º 200/2018, de 5 de junio, ECLI:ES:APM:2018:9567

«(...) al determinar los efectos de la declaración de nulidad tanto de la causa de desheredación de la actora a tenor de lo dispuesto en el art 851 CC y de la prohibición de impugnar en reclamación de su legítima por mor del párrafo segundo del art 813, habida cuenta de la desheredación del otro descendiente del causante y demandado Dº Claudio , -allanado a las pretensiones de la demanda-, debe concluirse como hace la sentencia de instancia, que la demandante no concurre a la herencia con otros herederos forzosos y, por tanto, le corresponden los dos tercios que conforman la legítima de los hijos y descendientes por imperativo del art 808 CC; y de igual modo, en aplicación de este precepto en relación con el art. 823 CC , la posibilidad de disponer en concepto de mejora va referida en exclusiva a una de las dos terceras partes que expresamente se encuentran comprendidas en la legítima. Esto es, no admite duda que el tercio de mejora se encuentra comprendido en la legítima reservada a los hijos y descendientes. A su vez, en una interpretación a sensu contrario del art 857 del Código Civil no cabe olvidar tampoco que el desheredado pierde el derecho y su lugar respecto a la legítima.

En consecuencia, la interpretación sistemática de los preceptos antes mencionados no viene sino a confirmar que la desheredación de Dº Claudio excluye su participación en la legítima reservada a los hijos y descendientes es decir, la legítima larga, por lo que deviene imposible aceptar el planteamiento de la apelante al pretender que se compute en el tercio de mejora el legado ordenado por el causante a favor de Dº Claudio , por cuanto sólo puede imputarse en concepto de mejora el legado efectuado por el testador de una tercera parte de la herencia en favor de la ahora apelada Dª Amelia en su condición de única legitimaria, como se sostiene en la sentencia impugnada, al no tener cabida en la parte libre - art 828 CC - por razón del legado a favor del hijo Dº Juan contenido también en la estipulación Tercera del testamento».

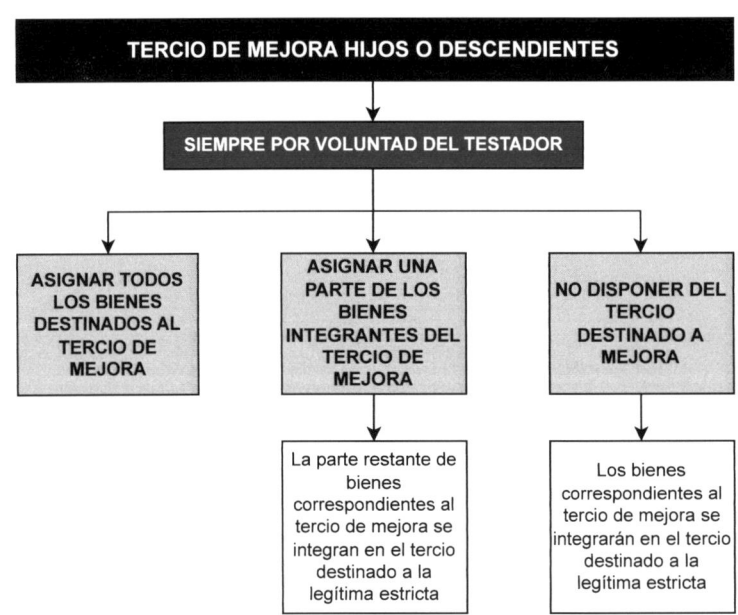

Asimismo, igual que ocurre con la legítima, a tenor de lo dispuesto en el **artículo 824 del Código Civil**, el tercio destinado a mejora no podrá ser gravado salvo los que se establezcan en favor de los legitimarios o sus descendientes.

En atención al **artículo 825 del CC, ninguna donación o contrato entre vivos**, sea simple o por causa onerosa, **en favor de hijos o descendientes, que sean herederos forzosos, se reputará mejora si el donante no ha declarado de una manera expresa su voluntad de mejorar**.

Para que la mejora se considere como tal, habrá de declararlo así el testador expresamente, si bien, esto no ha de ser entendido, en el rígido sentido de que el testador venga obligado necesariamente a utilizar la palabra mejora, para que la misma pueda estimarse verificada, sino que habrá de ser el contenido del testamento, el que pondrá de relieve si en su clausulado existe o no una voluntad expresa de mejorar, debiendo afirmarse que su voluntad es patente, cuando el causante se haya manifestado de una forma tan contundente y reiterada que sea incompatible con la negación de los efectos de la mejora. Es decir, **la calificación de mejora de la donación debe interpretarse atendiendo siempre a la regla o principio de la preponderancia de la voluntad del testador** (sentencia del Tribunal Supremo n.º 536/2013, de 29 de julio, ECLI:ES:TS:2013:4809, y **sentencia del Tribunal Supremo de 18 de junio de 1982, ECLI:ES:TS:1982:51**).

Por lo que, a tenor de lo expuesto, **la mejora podrá ser tácita o expresa**. Será expresa, cuando el testador lo manifieste de forma clara utilizando la palabra mejora, y tácita cuando pese a no utilizar de forma expresa el término mejora, se desprende claramente de su voluntad la intención de mejorar.

Además, **la mejora podrá serlo sobre uno o unos bienes determinados, o una mejora de cuota** cuando la mejora no hubiere sido señalada en cosa determinada, que será pagada con los mismos bienes hereditarios. En este sentido, señala el **artículo 829 del Código Civil** que *«la mejora podrá señalarse en cosa determinada. Si el valor de ésta excediere del tercio destinado a la mejora y de la parte de legítima correspondiente al mejorado, deberá éste abonar la diferencia en metálico a los demás interesados»*. Así, como se ha señalado en líneas anteriores, el **artículo 832 del CC** establece que *«cuando la mejora no hubiese sido señalada en cosa determinada, será pagada con los mismos bienes hereditarios, observándose, en cuanto puedan tener lugar, las reglas establecidas en los artículos 1061 y 1062* —del Código Civil— *para procurar la igualdad de los herederos en la partición de bienes»*.

CUESTIONES

1. ¿Puede un abuelo mejorar al nieto aun viviendo el hijo?

Sí. En primer lugar, habrá que atender a la voluntad del testador, por ejemplo, el abuelo lega al nieto y dispone de modo expreso que los legados recaerán en los tercios de mejora y libre disposición, además no cabe negar que el legado tiene la condición de título apto para mejorar. En segundo lugar, *«Aunque la mejora sea parte de la legítima (sentencias de 26 de diciembre de 1.989 y 22 de noviembre de 1.991) y el artículo 808 del Código Civil no reconozca conjuntamente a los hijos y descendientes derecho a reclamar esta última, es interpretado el artículo 823 del Código Civil en el sentido de admitir la posibilidad de que el abuelo mejore al nieto pese a vivir el hijo y,*

> *por lo tanto, pese a no ser el mejorado legitimario de primer grado y, por ende, con derecho a reclamar legítima»* (sentencia del Tribunal Supremo, n.° 695/2005, de 28 de septiembre. ECLI:ES:TS:2005:5646).
>
> **2. Cuando la mejora se señale en cosa determinada, por ejemplo, un inmueble concreto, ¿qué ocurrirá si el inmueble excede del tercio destinado a la mejora y de la parte legítima correspondiente?**
>
> En este caso el mejorado deberá abonar la diferencia en metálico a los demás interesados (art. 829 del CC). Es decir, los demás herederos tendrán un derecho de crédito contra el mejorado, pero no podrán solicitar la venta del inmueble judicialmente para conseguir el abono del exceso, hasta en los casos en los que se hayan convenido la venta del inmueble en documento privado suscrito por los interesados, mejorado y resto de herederos en este caso. Está cuestión es resuelta por la **sentencia del Tribunal Supremo de 25 de marzo de 1981. ECLI:ES:TS:1981:4902.**

La promesa de mejorar o no mejorar, hecha por escritura pública en capitulaciones matrimoniales, será válida y la disposición del testador contraria a la promesa no producirá efecto, de acuerdo con el **artículo 826 del CC.**

La mejora, aunque se haya verificado con entrega de bienes, **será revocable**. La revocabilidad de la mejora tiene **dos excepciones**, en atención al **artículo 827 del CC**:

* Que la mejora se haya hecho por **capitulaciones matrimoniales**.

* Que la mejora se haya hecho por **contrato oneroso celebrado con un tercero**.

En atención al **artículo 828 del CC**, el legado hecho por el testador a uno de los hijos o descendientes no se entenderá como mejora sino cuando el testador lo haya declarado expresamente o cuando ese legado no quepa en la parte libre.

Establece el **artículo 830 del Código Civil** que la **facultad de mejorar no puede encomendarse a otro**. Asimismo, tampoco es lícito encomendar a otro, ni al propio heredero mejorado, la facultad de señalar la cosa cierta que haya de pagarse en concepto de mejora. En este sentido es interesante la lectura de la **sentencia del Tribunal Supremo de 18 de mayo de 1983, ECLI:ES:TS:1983:1492.**

1.2.2. La legítima de los ascendientes

¿En qué consiste la legítima de los ascendientes?

En caso de **no existir descendientes**, serán herederos forzosos los progenitores y ascendientes. Es decir, **los progenitores únicamente serán legitimarios en el caso de que no existan descendientes**, en el caso contrario, los ascendientes nunca serán legitimarios.

> **CUESTIÓN**
>
> **En caso de que los descendientes renuncien a la herencia, ¿serán legitimarios los ascendientes del causante?**
>
> El Código Civil no contiene una regulación expresa al respecto, sin embargo, puede desprenderse que si los herederos forzosos, es decir, los legitimarios, renun-

cian a la herencia se extingue la legítima y la herencia, en este caso, quedará libre de legitimarios, pues no cabe en este caso el derecho de representación o de salto al siguiente orden de legitimarios.

Por ejemplo, si hay tres legitimarios y solo uno renuncia a la herencia, los demás legitimarios sucederán en esa parte, pero por su derecho propio y no por el derecho de acrecer (artículo 985 del CC), pero, si todos los herederos forzosos renuncian a la herencia, la legítima se extingue.

Finalmente, la doctrina mayoritaria entiende, haciendo una interpretación estricta del **artículo 807 del CC**, que los ascendientes únicamente serán legitimarios en caso de inexistencia de descendientes o premoriencia, pero no, en los casos de renuncia por parte de los descendientes.

En lo que respecta a la legítima que corresponde a los **ascendientes**, se estará a lo dispuesto en los **artículos 809 a 812 del Código Civil**.

Así pues, estipula el **artículo 809 del CC** que «*constituye la legítima de los padres o ascendientes la mitad del haber hereditario de los hijos y descendientes salvo el caso en que concurrieren con el cónyuge viudo del descendiente causante, en cuyo supuesto será de una tercera parte de la herencia*».

Por su parte, el **artículo 810 del CC** entiende que la **legítima reservada a los progenitores se dividirá entre los dos por partes iguales**. No obstante, en caso de que uno de ellos hubiere muerto, recaerá toda en el sobreviviente.

Igualmente se prevé que **cuando el testador no deje progenitor alguno, pero sí ascendientes, en igual grado, de ambas líneas, se dividirá la herencia por mitad entre estas**. Si los **ascendientes fueren de grado diferente, corresponderá por entero a los más próximos de una u otra línea**.

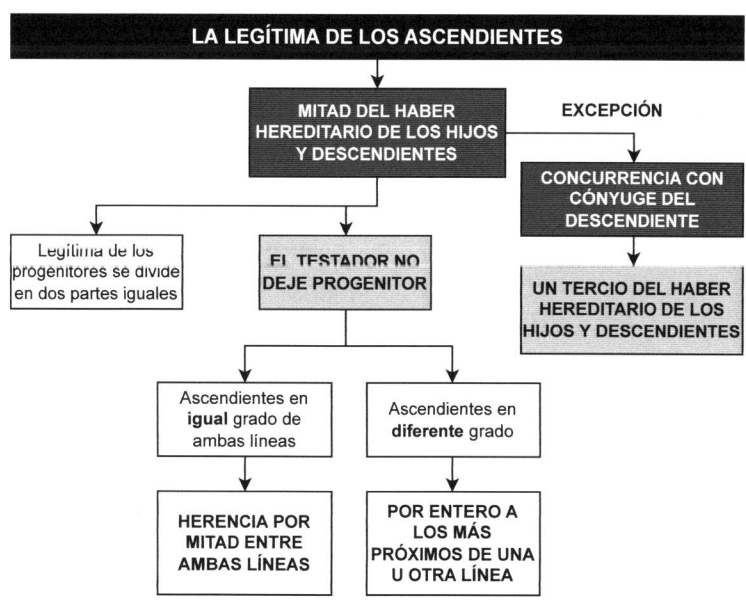

Reserva lineal

El **artículo 811 del CC** dispone:

> «El ascendiente que heredare de su descendiente bienes que éste hubiese adquirido por título lucrativo de otro ascendiente, o de un hermano, se halla obligado a reservar los que hubiere adquirido por ministerio de la ley en favor de los parientes que estén dentro del tercer grado y pertenezcan a la línea de donde los bienes proceden».

El precitado artículo prevé **la reserva lineal** que tiene como finalidad evitar que los bienes salgan de su línea y vayan a parar a personas extrañas a aquellas de quienes procedan. La referida reserva lineal, ha sido objeto de abundante doctrina, esta la considera un **beneficio otorgado por consideraciones familiares**, exclusivamente en favor de determinadas personas, cuyo contenido es moral y de respeto a la familia de la línea de procedencia de los bienes.

Asimismo, el citado precepto responde a una fuerte convicción persistente en el ánimo del legislador en evitación de posibles fraudes no pueden dejar margen a la autonomía de la voluntad del reservista y se actúa automáticamente, una vez fallecido, esto se traduce en una voluntad presunta del causante con respecto al mantenimiento de los bienes en la misma línea. De la reiterada jurisprudencia del Tribunal Supremo se infiere que la reserva lineal presupone la concatenación de tres sucesiones distintas:

- **Trasmisión, por título lucrativo**, de determinados tipos de bienes, en esta fase solo se da el elemento material de la posible reserva futura y el carácter de transmisión que puede dar en su día a los bienes la calidad de reservables, pero no hay en cuanto a los elementos personales derecho alguno a la reserva ni obligación ninguna de reservar.

- La **transmisión por ministerio de la ley**, aquí la ley establece un derecho expectante de reserva sobre tales bienes a favor de los parientes, que estén dentro del tercer grado y pertenezcan a la línea de donde los bienes proceden, los que podrán solicitar y obtener las oportunas medidas en defensa de su derecho.

- El **fallecimiento del reservista** supone la **transmisión de los bienes que tengan la condición de reservables**, a los parientes que la ley señala, lo que consolida el derecho de los reservatorios, en concepto de herederos que podrán entrar en posesión de tales bienes con arreglo a las normas que regulan la posesión.

En este sentido es interesante la sentencia del Tribunal Supremo n.º 896/2006, de 25 de septiembre, ECLI:ES:TS:2006:5690:

> «SEGUNDO.- La reserva lineal, contemplada en el artículo 811 del Código civil ha sido objeto de profusa doctrina, alguna muy reciente y reiterada jurisprudencia, incluso sentencias bien modernas. Esta la considera un beneficio otorgado por consideraciones familiares, exclusivamente en favor de determinadas personas (sentencias de 30 de diciembre de 1987 y 16 de enero de 1901 citadas por la de 22 de marzo de 1986), cuyo contenido moral y de respeto a la familia de la línea de procedencia de los bienes...responde a una

fuerte convicción persistente en el ánimo del legislador en evitación quizá de eventuales fraudes o contubernios (sentencia de 11 de octubre de 1989); no deja margen a la autonomía de la voluntad del reservista (sentencia de 4 de junio de 1987) y se actúa automáticamente, una vez fallecido el reservista, en favor de los reservatarios que son determinados en ese preciso momento (sentencia de 9 de enero de 1991).

Aplicando la normativa, doctrina y jurisprudencia al caso concreto, vemos:

* una primera transmisión por título lucrativo, al causante de la reserva, el hijo D. Manuel , recibida por sucesión testada e imputada a su legítima estricta, de su padre;

* una segunda transmisión, por sucesión y por ministerio de la Ley, al ser sucesión intestada, del anterior causante de la reserva a su madre Dª María Rosa , que será reservista;

* los bienes objeto de una y otra transmisión son objeto de reserva a favor de la pariente de la línea de donde los bienes proceden, es decir, la hija, Dª Guadalupe , de aquel primer causante, testador y se producirá la tercera transmisión a favor de ella, como reservataria, cuando fallezca la reservista.

TERCERO.- Por ello, se rechaza el motivo cuarto del recurso de casación que ha formulado la demandada en la instancia, reservista, al amparo del artículo 1692 , nº 4.º, de la Ley de Enjuiciamiento Civil por infracción del artículo 811 del Código civil . La alegación que forma este motivo se centra en que los bienes que recibió el hijo (causante de la reserva) de su padre (es decir, la primera transmisión) forman su legítima estricta y, por tanto no son reservables; asimismo, la mitad de tales bienes los percibió la reservista (segunda transmisión) como legítima de los ascendientes (artículo 809 y 810) por lo que igualmente no son reservables.

No es así. La reserva lineal exige que la primera transmisión sea a título lucrativo y la segunda, sucesoria y por ministerio de la ley. Una y otra comprenden la sucesión toda: testada, intestada y la forzosa; el texto legal no la excluye y el intérprete no puede distinguir donde la ley no distingue; además, no hay argumento alguno que permita eliminar la legítima del objeto de reserva, ya que se ha producido una transmisión a título gratuito (evidentemente, no onerosa) y por (clarísimo) ministerio de la ley.

Este criterio lo mantuvo la sentencia de 2 de enero de 1929 , criterio que ahora se reitera formando jurisprudencia, que complementa el ordenamiento jurídico (artículo 1.6 del Código civil) que dice, literalmente:

"la frase "por ministerio de la ley", contenida en dicho artículo, puede y debe nacer -si concurren los demás requisitos que el artículo exige-, lo mismo si se trata de la herencia o sucesión intestada que de la testada, siendo esta interpretación de la jurisprudencia y de los tratadistas muy acertada y razonable, toda vez que como en la sucesión del ascendiente al descendiente, ora sea por testamento, ora "ab intestato", se comprende necesariamente la legítima, no porque la voluntad del descendiente coincida con su obligación de dejar al ascendiente dicha legítima, y al testar le nombre heredero de todo o la mayor parte de su caudal, ha de privarse de este derecho a quien legítimamente lo tiene, máxime, si se trata, como acontece en este caso de este recurso, del hijo con respecto a su madre, a quien es natural que tenga y guarde toda la consideración, todo el respeto que engendra el cariño y que son propios de ese vínculo, tan santo y tan estrecho que entre madre e hijo existe y porque, además, si fuera de otro modo, si no fuese lícita, esa justa determinación del espíritu, sobre ser ello contrario a la naturaleza, entrañaría asimismo el peligro de que de modo harto fácil y hacedero pudiera burlarse el principio que informa el repetido artículo 811 del Código, que no es otro que el propósito de evitar que los bienes salgan de la línea y vayan a parar a personas extrañas a. aquellas de quienes procedan, toda vez que bastaría que un descendiente nombrase en testamento a su ascendiente heredero para que éste no tuviese la obligación de reservar, ya que entonces habrían perdido el carácter de reservables los bienes. "

Por ello, los bienes tienen el carácter de reservables y la reservataria, Dª Guadalupe tiene (no el derecho actual a percibirlos, como había pedido y le había sido denegado en un proceso anterior) sino una esperanza o expectación de derecho (sentencia de 21 de marzo de 1912), derecho expectante de reserva (sentencia de 31 de octubre de 1964), mera expectativa asegurada (sentencia de 17 de junio de 1987): en definitiva, una expectativa jurídicamente protegida (como decía la sentencia de 26 de marzo de 1960) que dará derecho a la reservataria a adquirir los bienes, a la muerte de la reservista y si le sobrevive; es decir, es titular de los bienes reservables, sujeta a la condición suspensiva de sobrevivir a la reservista (lo que recalca la sentencia de 21 de diciembre de 1989). Mientras tanto, puede exigir las garantías que contempla el artículo 184 de la Ley Hipotecaria».

Siguiendo esta línea, también resulta ilustrativa la **sentencia del Tribunal Supremo n.º 608/2010, de 21 de octubre, ECLI:ES:TS:2010:7702.** En ella se manifiesta lo siguiente:

«Según se reconoce en el art 811 CC , es preciso que concurran los siguientes requisitos:

1.º Que se hayan producido dos transmisiones, de modo que el causante de la reserva haya adquirido bienes a título lucrativo de un ascendiente. Esta situación se ha producido, puesto que la causante de esta reserva, Dª Gabriela , había adquirido los bienes que formaron su patrimonio hereditario a través de la herencia de su madre, que incluía los bienes de su padre.

2.º Que haya tenido lugar una transmisión del descendiente al ascendiente. Y esta situación se produce también en el presente supuesto, ya que la abuela Dª Sacramento sucedió a su nieta Dª Gabriela .

3.º Que la adquisición se haya producido por ministerio de la ley. En este caso, Dª Sacramento adquirió abintestato.

Por tanto, concurrirían los requisitos exigidos en el art 811 CC para que se hubiera producido el supuesto de hecho de la reserva, de modo que Dª Sacramento (reservista) debería reservar a favor de los hijos de D. Diego (reservatarios) los bienes adquiridos por título abintestato de Dª Gabriela y más concretamente, las 101 acciones adquiridas a través de su madre. Sin embargo, queda por determinar uno de los requisitos exigidos en dicho art. 811 CC para que sea aplicable esta disposición y surja el derecho a la reserva, que es la pertenencia de los reservatarios a la línea de donde los bienes proceden.

Los hijos demandantes y ahora recurridos es cierto que pertenecen a la línea de donde proceden los bienes, pero no se ha producido la reserva por la razón siguiente:

1.ª Estos bienes, salieron del patrimonio del padre, D. Diego , en el momento en que éste los atribuyó, por medio de institución hereditaria, a su segunda esposa.

2.ª Pero volvieron a la línea de donde los bienes procedían en el momento en que Dª Gabriela adquirió la herencia de su madre, en la que se encontraban las acciones correspondientes al denominado tercer paquete y siguieron en esta línea cuando al fallecimiento de Dª Gabriela , los adquirió su abuela, madre de D. Diego , también por la vía sucesoria. Es por todo que ello no se alcanza a ver la concurrencia de todos los requisitos para que surja la reserva, aplicando además la doctrina sentada en la sentencia de 13 marzo 2008 , en un supuesto semejante al que ahora nos ocupa».

Derecho de reversión

Conviene considerar lo regulado en los **artículos 811** y **812 del CC** los cuales precisan, respectivamente, por un lado, que en caso de que el ascendiente que heredare de su descendiente bienes que este hubiese adquirido por título lucrativo de otro ascendiente, o de un hermano, se halla obligado a reservar los que hubiere adquirido por ministerio de la ley en favor de los parientes que estén dentro del tercer grado y pertenezcan a la línea de donde los bienes proceden.

Por otro lado, el **derecho de reversión** regulado en el **artículo 812 del CC** se precisa que **los ascendientes suceden con exclusión de otras personas en las cosas dadas por ellos a sus hijos o descendientes muertos sin posteridad,** cuando los mismos objetos donados existan en la sucesión. Si hubieren sido enajenados, sucederán en todas las acciones que el donatario tuviera con relación a ellos, y en el precio si se hubieren vendido, o en los bienes con que se hayan sustituido, si los permutó o cambió.

En resumen, el citado **derecho de reversión** requiere una serie de **requisitos:**

- El ascendiente haya formalizado una donación a favor de hijos o descendientes.

- Los hijos o descendientes hayan fallecido sin posteridad, es decir, sin hijos.

- Los objetos o bienes donados existan en la sucesión.

A TENER EN CUENTA. El bien donado objeto del derecho de reversión no se tendrá en cuenta a la hora de calcular la legítima.

Legítima de los ascendientes en los diferentes derechos autonómicos

Por lo que se refiere a la condición de legitimarios reconocida en el CC a los progenitores y ascendientes, a falta de hijos y descendientes, las distintas regulaciones autonómicas no siempre los contemplan como tales, en este sentido cabe destacar, sin perjuicio de su estudio detallado en los temas correspondientes, lo siguiente:

- Galicia: el **artículo 238 de la Ley 2/2006, de 14 de junio, de Derecho Civil de Galicia** (LDCG) contempla como legitimarios a los hijos y descendientes de hijos premuertos, justamente desheredados o indignos, y al **cónyuge viudo no separado** legalmente o, de hecho, sin referencia a los ascendientes que carecen de aquella condición conforme a la ley gallega.

- Aragón: aquí solo son legitimarios los descendientes (**artículo 486 del Decreto Legislativo 1/2011, de 22 de marzo, del Gobierno de Aragón, por el que se aprueba el «Código del Derecho Foral de Aragón»**).

- País Vasco: establece el **artículo 47 de la Ley 5/2015, de 25 de junio, de Derecho Civil Vasco**, como legitimarios a los hijos o descendientes en cualquier grado y al cónyuge viudo o miembro superviviente de la pareja de hecho.

- Baleares: en este caso sí cabe hablar de la legítima de los ascendientes, pero solo de los progenitores, por naturaleza o adopción, no se extiende a otros ascendientes (**artículo 41 del Decreto Legislativo 79/1990, de 6 de septiembre, por el que se aprueba el texto refundido de la Compilación del Derecho Civil de las Illes Balears**).

- Cataluña: también aquí cabe hablar de legítima de los ascendientes, pero únicamente, de los progenitores, siempre que no existan descendientes, aunque estos sean desheredados justamente o declarados indignos (**artículo 451-4 del Código Civil Catalán**).

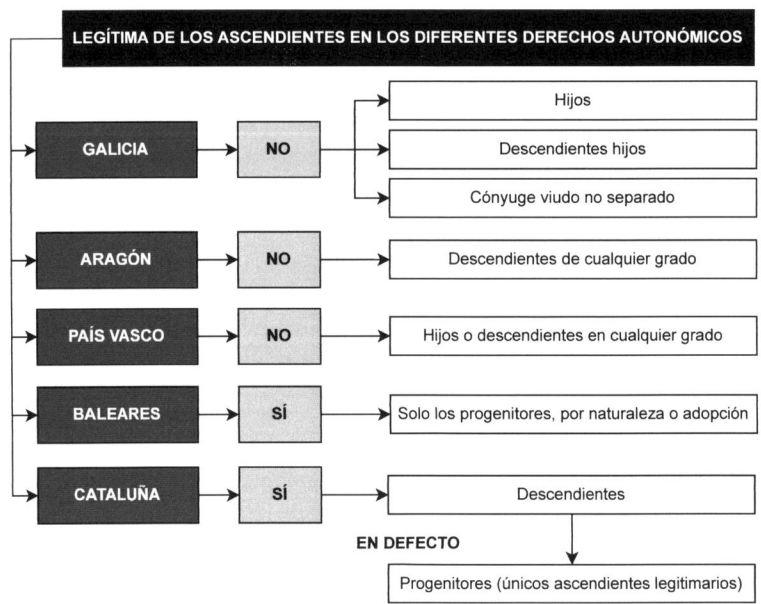

1.2.3. La legítima del cónyuge

¿En qué consiste la legítima del cónyuge?

A tenor de lo dispuesto en el **artículo 834 del Código Civil**, el cónyuge que al morir su consorte no se encontrase separado de éste legalmente o de hecho, si concurre a la herencia con los hijos o descendientes, tendrá derecho al usufructo del tercio que está destinado a mejora.

Para el supuesto en el que no existan descendientes, pero sí ascendientes, según lo establecido en el **artículo 837 del CC**, el cónyuge sobreviviente tendrá derecho al usufructo de la mitad de la herencia.

Y para el caso de que **no existan ni descendientes ni ascendientes**, el cónyuge sobreviviente tendrá derecho al usufructo de los **dos tercios de la herencia**, conforme el **artículo 838 del CC**.

Por su parte, el **artículo 840 del CC** dispone que **cuando el cónyuge viudo concurra con hijos solo del causante**, podrá exigir que su derecho de usufructo le sea satisfecho, a elección de estos, asignándole un capital en dinero o un lote de bienes hereditarios. Es decir, en este caso especial, **el cónyuge viudo puede exigir la facultad de sustitución o conmutación**, si bien, **serán los hijos quienes decidan si el usufructo viudal se sustituye por un caudal de dinero o un lote de bienes.**

Por lo que, el **principal requisito** para que el cónyuge sea legitimario, es que a la hora del fallecimiento del causante estos estuvieran casados, no divorciados ni separados de hecho. Y **¿qué sucede en caso de que entre los cónyuges separados hubiera mediado reconciliación?** En este caso, conforme al **artículo 835 del CC**, de haber mediado la reconciliación entre los cónyuges separados y notificada aquella al juzgado que conoció de la separación o al notario que otorgó la escritura pública de separación, el sobreviviente conservará sus derechos.

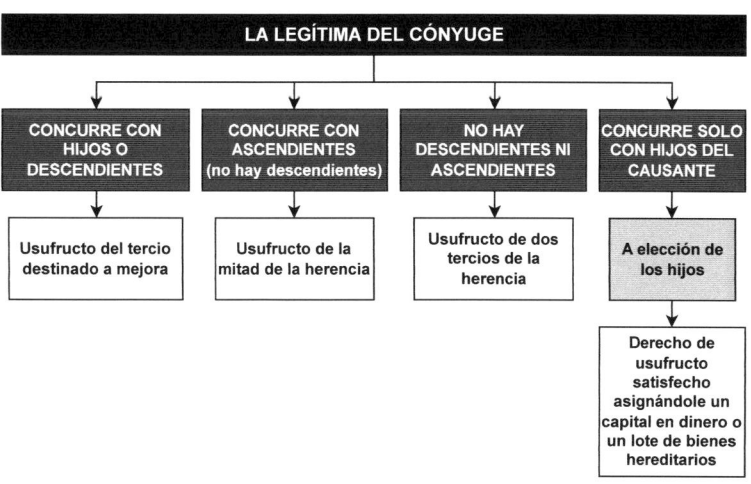

Es importante señalar que **existen diferencias entre el sucesor como usufructuario universal y el heredero**.

La herencia implica una adquisición traslativa de dominio, el usufructo también es adquisitivo, pero es constitutivo de un derecho real en cosa ajena, por lo que el usufructuario no entra directamente en la posesión y disfrute de los bienes hereditarios, sino que ha de recibirla del heredero o albacea. Otra diferencia, **es que el heredero responde de las deudas hereditarias con los bienes de la herencia y con los suyos propios**, salvo beneficio de inventario, mientras que **el usufructuario no soporta tal responsabilidad (sentencia del Tribunal Supremo de 20 de octubre de 1987, ECLI:ES:TS:1987:8717)**.

> **A TENER EN CUENTA.** La legitima que le corresponde al cónyuge viudo nada tiene que ver con los derechos de este sobre los bienes de carácter ganancial. Para los casos de matrimonios casados bajo el régimen económico matrimonial de gananciales, además de la legítima, el cónyuge viudo es propietario de los bienes gananciales al 50 % con independencia de los derechos hereditarios que el pertenezcan sobre el otro 50 % del cónyuge fallecido. Por lo que, el 50 % que le pertenece al cónyuge supérstite no formarán parte del haber hereditario.

¿Cómo se hará efectivo el usufructo al cónyuge?

Los herederos **podrán satisfacer al cónyuge su parte de usufructo**, de mutuo acuerdo o en virtud de un mandato judicial:

- Asignándole una renta vitalicia.
- Entregándole los productos de determinados bienes.
- Entregándole un capital efectivo.

Por lo que, a la vista de lo anterior, el **artículo 839 del CC contempla una facultad de sustituir o conmutar** que corresponde a los herederos, sin discriminar si son voluntarios o forzosos, por testamento o *abintestato*.

Si no se satisface el usufructo o entre tanto no se realice alguna de las opciones previstas **¿qué sucederá?** Pues que todos los bienes de la herencia estarán afectos al pago de la parte de usufructo que corresponda al cónyuge.

Por otro lado, el testador también puede contemplar en el testamento la sustitución del usufructo o incluso imponer o prohibir la misma, tanto al cónyuge como a los herederos.

> **CUESTIÓN**
>
> **En caso de acuerdo para la sustitución del usufructo, ¿debe incluirse al cónyuge o el acuerdo únicamente lo será entre los herederos?**
>
> Está cuestión no es pacífica entre la doctrina y jurisprudencia. Por un lado, están quienes entienden que la facultad de sustituir corresponde a herederos y legatarios sobre los que recaiga la cuota viudal de común acuerdo, por otro lado, quienes consideran que la expresión «mutuo acuerdo» no puede referirse al de los herederos entre sí, respecto de los cuales la expresión adecuada sería la de «común acuerdo», por lo que «mutuo acuerdo» presupone dos partes con intereses contrapuestos por concordar.

El Tribunal Supremo en su **sentencia n.º 894/2001, de 4 de octubre.** ECLI:ES:TS:2001:7563, argumenta que para la facultad de sustituir se requiere también la conformidad del cónyuge viudo, esta tesis la confirma la STS n.º 534/2009, de 13 de julio. ECLI:ES:TS:2009:4680.

RESOLUCIÓN RELEVANTE

Sentencia de la Audiencia Provincial de Alicante n.º 196/2020, de 22 de mayo, ECLI:ES:APA:2020:1445

«La sentencia del Tribunal Supremo de fecha 25/10/2000 que resalta que la opinión científica, en general, considera que la facultad de elegir una de estas formas expresadas en el artículo 839 del Código Civil corresponde a los herederos, sean voluntarios o forzosos, testados o abintestato, o, incluso, legatarios afectados por el usufructo legal del viudo, ya sean descendientes, ascendientes o colaterales del causante o, incluso, extraños al mismo, y tanto si dicha cuota vidual recae sobre el tercio de mejora como en el de libre disposición, y por ello, en consonancia a que la mención de herederos se refiere sólo a los afectados por el usufructo de la viuda, a quienes compete la posibilidad de elegir entre las distintas opciones establecidas en el artículo 839, al tratarse de una carga sobre su porción hereditaria, es preciso entender que a ellos exclusivamente les está permitida la facultad de elección, que no se facilita a la recurrente, dado que ella es la beneficiaria de la cuota vidual usufructuaria, con independencia de la institución de heredera universal verificada por el causante en su testamento, todo ello en consonancia con el texto del artículo 839 CC, que sólo permite la elección a los herederos que tienen que satisfacer al cónyuge su parte de usufructo.

En cuanto a la posibilidad de solicitar el desahucio por precario de la demandada, el Tribunal Supremo, en Sentencia 839/2013 de 20 de enero de 2014, ha señalado que ' En el presente caso, la inalterabilidad del ius delationis, como razón informadora del derecho hereditario, comporta que la legataria del usufructo universal de la herencia ostente la legitimación y atribución de facultades que le infiere el legado como derecho hereditario ya plenamente delimitado y concretado en el curso del fenómeno sucesorio, con independencia de su posible concurrencia con los demás derechos hereditarios que resulten sujetos a la situación de indivisión de la comunidad hereditaria y, por tanto, a su posterior determinación en titularidades concretas sobre bienes determinados a través del cauce particional. En las sentencias de 16 de septiembre de 2010, 28 de febrero de 2013 y de 29 de julio de 2013 el Tribunal Supremo se inclina por admitir la viabilidad del ejercicio de la acción, buscando una solución flexible que combine el reconocimiento que el coheredero puede tener derecho a poseer con el reconocimiento del derecho de los demás coherederos a recuperar la posesión. No obstante, exige determinadas condiciones: - Que los bienes estén en indivisión (aunque si efectuada la partición las adjudicaciones son en proindiviso el problema será el mismo)».

1.2.4. Cálculo de la legítima

Cálculo de la legítima según el Código Civil

Para el cálculo de la legítima es necesario llevar a cabo una serie de operaciones que se dividen en diferentes fases:

- Fase de computación.
- Fase de imputación.
- Fase de reducción.

En este sentido cabe advertir que, tanto la fase de computación como la de imputación, se constituyen como fases imprescindibles para la determinación del cálculo de la legítima, mientras que la tercera —fase de reducción— solo resultará necesaria en el supuesto de que nos encontremos que, a resultas de las operaciones efectuadas en las fases anteriores, es necesario llevar a cabo operaciones tendentes a la reducción y anulación de disposiciones efectuadas por el causante, al haber resultado estas inoficiosas por perjudicar a la legítima.

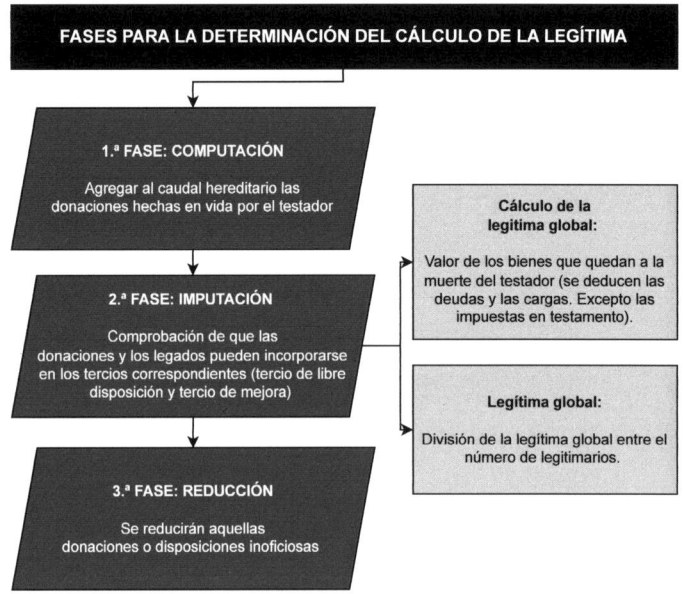

|| Fase de computación

La primera de las fases necesarias para proceder al cálculo de la legítima es la **computación**, que alude a aquella operación a través de la cual se obtiene el valor de la herencia. Se trata de **agregar al caudal relicto líquido aquellas donaciones que en vida hubiese efectuado el causante**, en base a lo contenido en el **artículo 818 del Código Civil**, por el cual, para fijar la legítima se atenderá al valor de los bienes que quedaren a la muerte del testador, con deducción de las deudas y cargas, sin comprender entre ellas las impuestas en el testamento. Así pues, **al valor líquido de los bienes hereditarios se agregará el de las donaciones colacionables**. En este sentido, cabe hacer mención al contenido del **artículo 1035 del Código Civil**, que prevé que el heredero forzoso que concurra con otros que también lo sean a una sucesión, deberá traer a la masa hereditaria los bienes o valores que hubiese recibido del causante de la herencia, en vida de este, por dote, donación u otro título lucrativo, para computarlo en la regulación de las legítimas y en la cuenta de partición.

En relación con esto, la **sentencia del Tribunal Supremo n.º 184/2022, de 3 de marzo, ECLI:ES:TS:2022:941**, señala:

> «El primer párrafo del art. 818CC establece que para fijar la legítima se atenderá al valor de los bienes que quedaren a la muerte del testador, con deducción de las deudas y cargas, sin comprender entre ellas las impuestas en el testamento. Añade el segundo párrafo de este precepto que al valor líquido de los bienes hereditarios se agregará el de las donaciones ‹colacionables›. En realidad, para calcular la legítima, a efectos del art. 818CC, **deben computarse todas las donaciones hechas por el causante, ya en favor de legitimarios ya de extraños**. La expresión 'donaciones colacionables', como ha advertido esta sala en diferentes ocasiones, de acuerdo con la común doctrina, se utiliza en el art. 818CC de manera impropia, pues la colación propiamente dicha, que es dispensable y no tiene por finalidad proteger la legítima, es la que se regula en los arts. 1035 y ss. CC, y es una operación particional dirigida a obtener en lo posible una igualdad entre los legitimarios que además sucedan a título de heredero. En la medida en que el sistema de colación regulado en el Código civil es un sistema de adición contable de las cosas donadas, tomando de menos el donatario del caudal relicto el valor de lo ya recibido por vía de donación, es lógico que el art. 1045CC establezca que ha de traerse a colación el valor de las cosas donadas al tiempo en que se evalúen los bienes hereditarios (si bien, de acuerdo con el párrafo segundo del art. 1045CC, 'el aumento o deterioro físico posterior a la donación y aun su pérdida total, casual o culpable, será a cargo y riesgo o beneficio del donatario')».

CUESTIÓN

¿En qué momento deben valorarse los bienes a efectos de calcular las legítimas?

El Tribunal Supremo, en su **sentencia n.º 184/2022, de 3 de marzo, ECLI:ES:TS:2022:941**, ha señalado que dicho momento no aparece fijado en el artículo 818 del CC, así, se ha discutido cuál es el momento de valoración de la masa patrimonial a los efectos de calcular la legítima.

De un lado, una primera postura entiende que debe estarse al valor de los bienes en el momento de la muerte del causante en base a los **artículos 818 y 645 del CC**, en este sentido, al tratarse de averiguar si el legitimario recibe lo que le corresponde y siendo la legítima institución necesaria de derecho sucesorio *«(...) para valorar si las disposiciones patrimoniales del causante respetan las legítimas debe estarse al momento del fallecimiento»*.

De otro lado, una segunda teoría defiende que ha de estarse al momento en que se procede a calcular y fijar el valor de la legítima en base a los **artículos 1045 y 1074 del CC**, así, mediante *«(...) una aproximación de las reglas de la colación y la computación, se considera que pueden evitarse a los legitimarios los perjuicios asociados a una partición tardía o a las variaciones en el valor de los bienes»*.

Asimismo, el TS, de forma más matizada y acertada, ha señalado la necesidad de atender al título utilizado por el causante para satisfacer la legítima, de modo que, si la legítima se satisface por un legado, donación o asignación particional por el testador, los beneficios o riesgos de la cosa son a beneficio o cargo del legatario, donatario y adjudicatario, por lo que el cálculo debe hacerse partiendo del valor de los bienes al tiempo del fallecimiento. Si hubiera de completarse la legítima con el pago de bienes relictos, estos necesariamente deberían valorarse en el momento de la liquidación.

Así pues, *«Cuando el derecho de los legitimarios viene referido a una cuota (a título de institución de heredero, legado de parte alícuota), la valoración en el momento de la muerte permitirá determinar si existe lesión de la legítima de algún legitimario, y será después, comprobado que no existe lesión cuantitativa de ningún legitimario, a la hora de partir y materializar la cuota de los legitimarios que sean partícipes de la comunidad hereditaria, y como regla propia de la partición, cuando habrá de estarse a la valoración de los bienes en ese momento, pues los aumentos o disminuciones patrimoniales posteriores a la muerte del causante de los bienes que se han de partir sí son riesgos de la comunidad y de sus partícipes».*

Es preciso considerar que **las donaciones pueden resultar ser inoficiosas si con ellas se atenta a la legítima,** como así se establece en los **artículos 636** y **654 del Código Civil**. Así, el apartado tercero del **artículo 819 del CC**, determina que se considerarán como inoficiosas aquellas donaciones que excedieran de la cuota disponible, procediéndose a la reducción de las mismas según las reglas de los **artículos 820** a **822 del Código Civil**.

RESOLUCIÓN RELEVANTE

Sentencia de la Audiencia Provincial de Cáceres n.° 997/2021, de 24 de noviembre, ECLI:ES:APCC:2021:1250

«Pues bien, es doctrina jurisprudencial reiterada la que declara que a los efectos del artículo 818 del Código Civil se han de incluir todas las atribuciones a título gratuito, pues el patrimonio hereditario del causante se determina sumando el relicta con el donatum, sin perjuicio de lo que en un estadio posterior se determine.

En efecto, el Tribunal Supremo en sentencia de fecha 14 de diciembre de 2005 declaró ya que las donaciones efectuadas por el testador deben ser traídas a la partición al efecto de computar su valor y determinar si son inoficiosas, con el fin de reducirlas cuando ello sea preciso con arreglo a las disposiciones legales. Así, la sentencia de 11 de octubre de 2005 recuerda que 'habrá de traerse el valor de los bienes donados al tiempo en que se evalúen los bienes hereditarios (artículo 1045 del Código Civil) a fin de integrar la masa hereditaria con el relictum más el donatum a efectos de poder calcular las legítimas de los restantes herederos forzosos y comprobar si la donación las ha perjudicado causando su minoración (Sentencia del Tribunal Supremo de 21 de abril de 1997 , entre otras)'. En el supuesto entonces enjuiciado, el Tribunal Supremo señala que la procedencia de realizar esta aportación y cálculo de valor para hacer efectivo el principio de inviolabilidad de la legítima estricta era evidente, máxime cuando se advertía que el tercio de libre disposición en favor del heredero donatario había resultado notablemente mermado al imputarle una porción del exceso en la mejora, afirmando el Alto Tribunal que se apreciaba que la sentencia objeto del recurso había incurrido en la infracción que se le reprochaba, al admitir implícitamente que la dispensa de colación (es decir, el ejercicio de la facultad del testador de excluir las donaciones del cómputo de la porción hereditaria asignada en el testamento, eliminando su carácter de anticipaciones de la herencia) dispensaba del deber de respeto a la legítima estricta que imponía la reducción de las donaciones inoficiosas; pues resultaba evidente que este deber subsiste aun cuando las donaciones no tengan en principio carácter colacionable (artículo 1036 del Código Civil).

(...)

> *Finalmente, declaró el T.S. en la sentencia de 17-3-1 .989 (RJ 1989, 2161) que para determinar el importe de las legítimas ha de tenerse en cuenta no sólo el valor neto de los bienes que quedaron a la muerte del testador, sino también las transmisiones inter vivos a título gratuito, cuyo valor contable representaría el activo de la herencia, y del que no pueden excluirse ninguna de las donaciones efectuadas, ya lo hayan sido a legitimarios o a tercero, según determina el párrafo segundo del art. 818 del Código Civil, entendiendo el término 'colacionables' que utiliza dicho precepto respecto de las donaciones en sentido impropio, que no se corresponde con el puramente técnico del art. 1.035 del Código Civil y que más bien significa 'computables'.*
>
> *En el mismo sentido la Audiencia Provincial de Guadalajara en sentencia de 17 de marzo de 2014 explica que: 'Partiendo de lo expuesto, y consiguientemente de la procedencia de tener en cuenta en el caudal hereditario los inmuebles donados en vida por los finados, la cuestión, además, es si los bienes donados se deben incluir en el inventario (que lo componen los bienes y derechos de la herencia o del causante) o su cómputo (con el avalúo correspondiente a los efectos señalados) integra una operación propia de la liquidación estricta a realizar por el contador partidor.».*

Como **excepción al criterio general de computabilidad de las donaciones**, se hace necesario tener en cuenta las siguientes precisiones:

- Donaciones remuneratorias. De conformidad con lo previsto en el artículo 622 del Código Civil, las donaciones remuneratorias habrán de regirse por las disposiciones relativas a la donación (artículos 618 a 656 del Código Civil) en la parte que excedan del valor del gravamen impuesto.

- Donaciones onerosas. El precitado artículo 622 del Código Civil, también hace alusión a las donaciones con causa onerosa, estipulando en este sentido que estas deberán regirse por las reglas de los contratos.

- Donaciones usuales. En aplicación de lo previsto en el artículo 1044 del Código Civil, los regalos de boda, consistentes en joyas, vestidos y equipos, no se reducirán como inoficiosos sino en la parte que excedan en un décimo o más de la cantidad disponible por testamento.

- Gastos por alimentos, educación y curación de enfermedades. No estarán sujetos a colación los gastos de alimentos, educación, curación de enfermedades, aunque sean extraordinarias, aprendizaje, ni los regalos de costumbre. Tampoco estarán sujetos a colación los gastos realizados por los progenitores y ascendientes para cubrir las necesidades especiales de sus hijos o descendientes requeridas por su situación de discapacidad (artículo 1041 del Código Civil).

- Gastos derivados de deberes familiares. A tenor de lo dispuesto en el artículo 1042 del Código Civil, no se traerán a colación, sino cuando el padre lo disponga o perjudiquen a la legítima, los gastos que este hubiere hecho para dar a sus hijos una carrera profesional o artística; pero cuando proceda colacionarlos, se rebajará de ellos lo que el hijo habría gastado viviendo en la casa y compañía de sus padres.

- Donación del derecho de habitación sobre la vivienda habitual que su titular haga a favor de un legitimario en una situación de discapacidad. No se computará para el cálculo de las legítimas si en el momento del fallecimiento ambos estuvieren conviviendo en ella (artículo 822 del Código Civil).

Tal y como pone de relieve la sentencia del Tribunal Supremo rec. 554/2009, de 23 diciembre de 2011, ECLI:ES:TS:2011:8903, las donaciones válidas no forman parte del caudal relicto. **La fase de computación conlleva una operación meramente contable y no requiere la aportación de los mismos bienes donados, sino únicamente la de su valor a los efectos de la determinación del *quantum* sobre el que se van a calcular las legítimas y las mejoras y va a servir de base para la reducción de las donaciones que haya que declarar inoficiosas.**

CUESTIÓN

¿Es lo mismo la computación que la colación?

No. La computación ha de llevarse a cabo aun cuando exista un único legitimario, puesto que su legítima puede verse perjudicada por las donaciones efectuadas por el causante a terceras personas, mientras que la colación a que se refiere el **artículo 1035 del Código Civil** solo tiene lugar cuando concurren a la herencia herederos forzosos. En la computación hay que agregar al caudal hereditario todas las donaciones llevadas a efecto por el causante, ya sean a herederos forzosos como a terceros, dado que, a través de unas como de otras, se puede lesionar la legítima; mientras que, en el caso de la colación-partición del **artículo 1035 del Código Civil**, solo se tienen en cuenta las donaciones realizadas a los herederos forzosos, para reconstruir entre ellos el haber del causante, y conseguir, salvo dispensa de colación, la igualdad entre los mismos, bajo la presunción de configurarlas como anticipo de la herencia. **Las normas concernientes al cómputo del *donatum* (artículo 818 del CC) son de carácter imperativo, no susceptibles de entrar dentro de la esfera de disposición del causante;** mientras que la colación puede ser dispensada por el *decuius*, siempre que se respeten las legítimas de sus herederos forzosos (artículo 1036 del CC). (Sentencia del Tribunal Supremo n.º 468/2019, de 17 de septiembre, ECLI:ES:TS:2019:2854).

Fase de imputación

Agregadas al valor del caudal relicto las donaciones efectuadas en vida por el causante, la siguiente fase, es la **imputación**, que es definida como la operación por la que se comprueba si las donaciones o legados pueden incorporarse en los tercios correspondientes. Para determinar la legítima, es preciso diferenciar entre la legítima **global** (porción de activo reservado por ley a los legitimarios) y la legítima **individual** (parte que le corresponde a cada uno de ellos).

- **Legítima global.** En base a lo señalado en el **artículo 818 del Código Civil**, para fijar la legítima se atenderá al valor de los bienes que quedaren a la muerte del testador, con deducción de las deudas y cargas, sin comprender entre ellas las impuestas en el testamento. Igualmente, habrán de valorarse los actos de disposición que el causante hubiese realizado a título gratuito y ver si con ellos se ha dañado la legítima. Por ello, el apdo. 2 del citado artículo indica que al valor líquido de los bienes hereditarios se agregará el de las donaciones colacionables.

- **Legítima individual.** Una vez se hubiese calculado la legítima global, para la determinación de la legítima individual es preciso dividir el importe resultante entre el número de legitimarios.

Por su parte, se debe atender a las **reglas de imputación de las donaciones**, diferenciándose aquellas hechas a favor de los **hijos** y a favor de **extraños**:

a) Respecto de las **donaciones hechas a los hijos** que no tengan el concepto de mejoras, se imputarán en su legítima (**artículo 819 del Código Civil**). Del mismo modo refiere el artículo 825 del CC, al indicar que **ninguna donación por contrato entre vivos, sea simple o por causa onerosa, en favor de hijos o descendientes, que sean herederos forzosos, se reputará mejora, si el donante no ha declarado de una manera expresa su voluntad de mejorar**. En este sentido se pronuncia el **Tribunal Supremo en su sentencia n.º 502/2006, de 29 de mayo, ECLI:ES:TS:2006:3345**, que en línea con lo dispuesto por el legislador en el **artículo 825 del Código Civil**, se pronuncia como sigue:

> «(...) considerar que la donante mejoró a su hija por el hecho exclusivo de la donación no es admisible de acuerdo con el citado precepto, que exige no sólo voluntad de donar en el donante sino algo más, y es la **voluntad inequívoca de mejorar**, aunque no se emplee la palabra mejora. En este caso falta por completo cualquier manifestación de esa última voluntad.
>
> En consecuencia, la donante no pudo disponer por vía de donación más de lo que podía disponer por testamento, que era un tercio de sus bienes (art. 654 C.c .). Sus hijas tienen derecho a la legítima larga, o dos tercios de la herencia (art. 808 C.c .)».

b) Por otro lado, las **donaciones hechas a extraños** se imputarán a la parte libre de que el testador hubiese podido disponer por su última voluntad (**artículo 819 del Código Civil**).

CUESTIÓN

Tal y como prevé el artículo 819 del CC, las donaciones, en cuanto fueren inoficiosas o excedieren de la cuota disponible, deberán ser reducidas en cuanto al exceso, pero ¿qué ocurrirá con los frutos y rentas recibidos de estas durante la vida del donante?

La reducción en cuanto al exceso de las donaciones inoficiosas no obstará para que tengan efecto durante la vida del donante, por lo que el donatario podrá hacer suyos los frutos (**artículo 654 del CC**).

‖ Fase de reducción

Finalmente, una vez fijada la legítima, la última de las fases por las que puede pasar el cálculo de la misma, como ya se ha apuntado, es la de reducción respecto de aquellas donaciones o disposiciones inoficiosas. Así, tal y como dispone el **artículo 820 del Código Civil**, fijada la legítima, la reducción habrá de hacerse como sigue:

- **Se respetarán las donaciones mientras pueda cubrirse la legítima**, reduciendo o anulando, si fuese necesario, las mandas hechas en testamento.

- **La reducción de estas se hará a prorrata**, sin distinción alguna. Si el testador hubiere dispuesto que se pague cierto legado con preferencia a otros, no sufrirá aquél reducción sino después de haberse aplicado éstos por entero al pago de la legítima.

- **Si la manda consiste en un usufructo o renta vitalicia,** cuyo valor se tenga por superior a la parte disponible, **los herederos forzosos podrán escoger entre cumplir la disposición testamentaria o entregar al legatario la parte de la herencia** de que podía disponer libremente el testador.

- ¿Qué ocurrirá en aquellos supuestos en los que el legado sujeto a reducción consistiere en una finca que no admita cómoda división?

- **Si la reducción no absorbiera la mitad del valor de la finca,** esta quedará para el legatario. En caso contrario, esto es, si el valor de la reducción superara la mitad del valor de la finca, esta recaerá en los herederos forzosos. En cualquiera de los dos supuestos legatario y herederos forzosos deberán abonarse su respectivo haber en dinero.

- **Si el legatario tiene derecho a legítima,** podrá retener toda la finca siempre que el valor no supere el importe de la porción disponible y de la cuota que le corresponda por legítima.

- **En el supuesto de que herederos o legatarios no quisieran hacer uso de las posibilidades antedichas** (contempladas en el **artículo 821 del CC**), a petición de cualquiera de los interesados la finca será vendida en subasta.

Por su parte, el **artículo 656 del Código Civil**, señala que si siendo dos o más las donaciones, no cupieren todas en la parte disponible, se suprimirán o reducirán en cuanto al exceso, las de fecha más reciente.

CUESTIÓN

¿La reducción de las donaciones debe hacerse solo en la medida en que se lesiona la legítima de un hijo no donatario, (a quien la causante ha favorecido con un legado del tercio de mejora) o, además, deben reducirse hasta cubrir el legado del pleno dominio del tercio de libre disposición que el causante haya ordenado a favor del mismo hijo no donatario?

No, las donaciones que no dañen a la legítima deben ser respetadas. Esta es la respuesta dada por los magistrados del Tribunal Supremo que en su STS n.º 375/2019, de 27 de junio, ECLI:ES:TS:2019:2179, refieren que, ante un planteamiento de estas características debe tenerse en cuenta lo dispuesto en el apartado primero del **artículo 820 del CC**, a través del que nuestro legislador ordena respetar las donaciones mientras pueda cubrirse la legítima. Esta previsión, tal y como indican los magistrados *«(...) es coherente con la regulación de la reducción de las donaciones inoficiosas contenida en los arts. 636 y 654 a 656 CC. En consecuencia, aunque en el testamento de la causante se dispuso íntegramente de la parte libre mediante un legado a favor del hijo no donatario, de conformidad con el art. 820.1.º CC las donaciones que no dañen la legítima deben ser respetadas. En el caso, el contador-partidor considera que procede reducir las donaciones más allá de lo que exige el respeto a la legítima lo que, por lo dicho, no es correcto».*

2.
ESPECIALIDADES DE LA LEGÍTIMA EN TERRITORIOS CON DERECHO CIVIL ESPECIAL O FORAL

Distintas regulaciones de la legítima en los derechos civiles o forales

Derivado de la asunción de competencias normativas por parte de algunas comunidades autónomas en materia de derecho Civil, es preciso considerar la **regulación efectuada de la legítima por parte de los territorios con dere**cho civil especial o fora**l**. Así:

- Galicia: Ley 2/2006, de 14 de junio, de Derecho civil de Galicia, artículos 238 a 257.

- País Vasco: Ley 5/2015, de 25 de junio, de Derecho Civil Vasco, artículos 47 a 60.

- Comunidad Foral de Navarra: Ley 1/1973 de 1 de marzo, por la que se aprueba la Compilación del Derecho Civil Foral de Navarra, leyes 267 a 271.

- Aragón: Decreto Legislativo 1/2011, de 22 de marzo, del Gobierno de Aragón, por el que se aprueba, con el título de «Código del Derecho Foral de Aragón», el Texto Refundido de las Leyes civiles aragonesas, artículos 486 a 502.

- Cataluña: Ley 10/2008, de 10 de julio, del libro cuarto del Código Civil de Cataluña, relativo a las sucesiones, artículos 451-1 a 451-15.

- Islas Baleares: Decreto Legislativo 79/1990, de 6 de septiembre, por el que se aprueba el texto refundido de la Compilación del Derecho Civil de las Islas Baleares, artículos 41 a 49.

A TENER EN CUENTA. Los artículos 50 y 51 del **Decreto Legislativo 79/1990, de 6 de septiembre, por el que se aprueba el texto refundido de la Compilación del Derecho Civil de las Islas Baleares**, incluidos en la sección 4.ª de las legítimas han sido derogados con efectos desde el 17 de enero de 2023 por la disposición derogatoria de la **Ley 8/2022, de 11 de noviembre**.

¿Dónde se regula la legítima en el derecho civil aragonés?

La legítima está regulada en el derecho civil aragonés en el **Decreto Legislativo 1/2011, de 22 de marzo, del Gobierno de Aragón, por el que se aprueba, con el título de «Código del Derecho Foral de Aragón», el Texto Refundido de las Leyes civiles aragonesas, el título VI**, concretamente, los **artículos 486** a **502**.

A tenor de lo dispuesto en el preámbulo de dicha norma, se han mantenido los **rasgos fundamentales del sistema legitimario histórico, con algunos retoques favorables a la mayor libertad de disponer y una pormenorizada regulación que evite la injerencia de normas del Código Civil** que corresponden a un sistema radicalmente distinto.

En este sentido, la legítima en Aragón, prevista como límite de la libertad de disponer de que gozan los aragoneses, sigue siendo **legítima colectiva a favor de los descendientes**, no hay más legitimarios que ellos, y el causante, según su criterio, puede con la misma normalidad tanto dejar los bienes a uno solo de ellos, como distribuirlos en forma tendencialmente igualitaria.

¿Cuál es la legítima del derecho civil aragonés?

La legítima aragonesa es, como se infiere del **artículo 486 del Código del Derecho Foral de Aragón**, una legítima colectiva que se corresponde con la **mitad del caudal que se fije y que recaerá, como únicos legitimarios, en los descendientes de cualquier grado del causante**. No obstante, la legítima podrá distribuirse, igual o desigualmente, entre todos o varios de los descendientes, o atribuirse a uno solo. Si no se establece otro modo, la legítima colectiva se entenderá distribuida entre los legitimarios de grado preferente conforme a las reglas de la sucesión legal.

CUESTIÓN

¿Qué se entiende por legitimarios de grado preferente?

Son legitimarios de grado preferente los hijos y, en lugar de los premuertos, desheredados con causa legal o indignos de suceder, sus respectivos hijos, sustituidos en los mismos casos y sucesivamente por sus estirpes de descendientes. Se exceptúan de la condición de legitimarios de grado preferente a los descendientes de los que hubieran renunciado a su legítima (art. 488 del Código del Derecho Foral de Aragón).

La legítima podrá atribuirse por cualquier título lucrativo, si bien la existencia de legitimarios no impide al disponente instituir, de forma clara y explícita, heredero a un extraño.

44

¿Cómo se calcula la legítima?

Para **formar el caudal computable a efectos del cálculo de la legítima** se estará a las reglas siguientes (**art. 489 del Código del Derecho Foral de Aragón**):

- Se parte del caudal relicto valorado al tiempo de liquidación de la legítima.

- Se añade el valor de los bienes donados por el causante calculado al tiempo de la donación, si bien actualizado su importe al tiempo de la liquidación de la legítima.

- Se excluyen del cómputo:

- Las liberalidades usuales.

- Los gastos de alimentación, educación y asistencia en enfermedades de parientes dentro del cuarto grado que estén en situación de necesidad, aunque el causante no tuviera obligación legal de prestarles alimentos. Los gastos de educación y colocación de los hijos solo se computarán cuando sean extraordinarios.

Aplicando las reglas de valoración anteriores, se **imputarán a la legítima colectiva las liberalidades recibidas del causante por cualquiera de sus descendientes,** aun cuando se trate de premuertos, incapaces de suceder, desheredados con causa legal o renunciantes a la legítima. Sin embargo, **se excluyen de la imputación** las liberalidades que el causante hubiera excluido de ella y las no computables para el cálculo de la legítima.

> **A TENER EN CUENTA.** No se deducirá del valor de las liberalidades por causa de muerte el valor de los gravámenes impuestos por el causante a los descendientes, los cuales tendrán el derecho a que se tengan por no puestos conforme al **artículo 499 del Código del Derecho Foral de Aragón**, ni tampoco el de los impuestos por la ley.

CUESTIONES

1. ¿Es posible renunciar a la legítima?

Sí, conforme al **artículo 492 del Código del Derecho Foral de Aragón**, podrá renunciarse a la legítima después y antes de la delación de la sucesión, y en este caso unilateralmente o como resultado de un pacto sucesorio.

Para determinar los requisitos de capacidad y forma de la renuncia se estará, si es posterior a la delación, a los previstos para la repudiación de la herencia, y si es anterior, a los previstos para el otorgamiento de pactos sucesorios.

En cuanto a los efectos de la renuncia a la legítima, salvo declaración en contrario, no afectará a los derechos del renunciante en la sucesión legal ni a los que provengan de la sucesión voluntaria del causante. Si bien, la renuncia a cualquier atribución patrimonial por causa de muerte procedente del ascendiente supone renuncia a la legítima.

2. ¿Cuál es el plazo de prescripciones de las acciones relativas a la legítima?

Prescribirán a los 5 años a contar desde el fallecimiento del causante o desde la delación de la herencia si esta es posterior. En caso de que el legitimado para ejercerlas fuera menor de 14 años al inicio del cómputo, el plazo finalizará para él al tiempo de cumplir 19 años.

Intangibilidad de la legítima en Aragón

Se distingue respecto de la legítima aragonesa entre **dos supuestos de intangibilidad**:

Cuantitativa: **artículos 494 a 496 del Código del Derecho Foral de Aragón.**

Cualitativa: **artículos 497 a 502 del Código del Derecho Foral de Aragón.**

|| Intangibilidad cuantitativa

En el caso de que se lesione la legítima, de manera que los beneficios del conjunto de los descendientes no alcancen la cuantía de la legítima colectiva, podrán **reducirse las liberalidades hechas en favor de no descendientes**. Pero **¿quién tendrá derecho a obtener la reducción?** Salvo que la voluntad del disponente sea otra, lo tendrán los legitimarios de grado preferente y a cada uno le corresponderá el derecho a obtener una fracción del importe de la lesión proporcional a su cuota en la sucesión legal. Si bien, la renuncia o simple falta de ejercicio por alguno de su derecho de reclamación no incrementa el de los demás.

> **CUESTIÓN**
>
> **¿Cuál será el orden de prelación para las reducciones?**
>
> La reducción de las liberalidades lesivas se hará siguiendo el orden que al efecto haya dispuesto el causante. En todo lo que no haya previsto, el orden a seguir será, en primer lugar, la reducción de las liberalidades por causa de muerte, a prorrata, con independencia de su título de atribución. En segundo lugar, si las reducciones anteriores no son suficientes, se procederá a reducir las liberalidades entre vivos, empezando por las de fecha más reciente, las de igual fecha se reducirán a prorrata.

Establecido el derecho a obtener la reducción **¿cómo se llevará a cabo?** Hay que distinguir los siguientes supuestos:

- **Reclamación de reducción contra el cónyuge viudo:** podrá evitarla pagando en metálico lo que al legitimario reclamante le correspondiera percibir.

- El que sufre la reducción ha recibido del causante varios bienes: en este caso, tendrá aquel derecho a determinar cuáles de ellos, que cubran el valor reclamado, son objeto de reducción.

- **El objeto de la reducción es un bien o conjunto de bienes que no admita cómoda división:** ambas partes podrán compensarse en metálico como convengan. A falta de acuerdo:

  - Si la reducción no absorbe la mitad de su valor, queda el bien para el que hubiera recibido la liberalidad.

  - En caso contrario, quedará para el legitimario que reclama, debiéndose compensar la diferencia en metálico.

|| Intangibilidad cualitativa

La legítima debe atribuirse en bienes relictos, pero **¿qué supone el incumplimiento del deber de atribuir en bienes relictos lo que falte para alcanzar la cuantía de la legítima colectiva?** Pues que el mismo faculta individualmente a los legitimarios afectados para pedir que la parte proporcional que en la diferencia les corresponda les sea entregada en bienes relictos por los extraños que los han recibido, renunciando en favor de estos a los correspondientes bienes no relictos.

A TENER EN CUENTA. La reducción de liberalidades de bienes relictos hechas en favor de no descendientes no podrá afectar al cónyuge viudo. Para la reducción se estará a lo previsto en el **artículo 496 del Código del Derecho Foral de Aragón.**

La regla general es que **no podrán imponerse gravámenes sobre la legítima**, pero **¿existe alguna excepción? Sí,** el causante podrá imponer gravámenes sobre los bienes relictos atribuidos a los descendientes en el caso de que el valor de los atribuidos libres de gravamen sumado al de las donaciones imputables a la legítima cubra el importe de la legítima colectiva.

> **CUESTIÓN**
>
> **¿Qué se entiende por gravamen?**
>
> Será toda carga, condición, término, modo, usufructo, obligación, prohibición o limitación impuestos en el título sucesorio que disminuya el valor de los bienes relictos o la plenitud de la titularidad o del conjunto de facultades que correspondían al causante. No tendrán esa consideración los legados en titularidad plena de bienes ciertos con que el causante hubiera gravado a un descendiente.

Si, a pesar de lo anterior, se impone un gravamen en contra de lo previsto **el legitimario afectado tendrá derecho a que se tenga por no puesto**, en este sentido:

- Se tendrá por no puesto solo en la parte que vulnere la prohibición, salvo que por su naturaleza no fuese posible dejarlo sin efecto parcialmente, en cuyo caso se tendrá por no puesto en su totalidad.

- Siendo varios los descendientes sujetos a gravamen, la parte que haya de quedar sin efecto se repartirá entre ellos proporcionalmente a la parte en que hayan sido favorecidos por el causante.

- El descendiente al que se le hayan impuesto varios gravámenes podrá decidir el orden en que deban quedar sin efecto.

Se reconoce la posibilidad de que el causante conceda a algún legitimario la facultad de optar entre una determinada atribución por causa de muerte libre de gravamen y otra de mayor importe, pero sujeta a gravamen infringiendo la prohibición del **artículo 498 del Código del Derecho Foral de Aragón. ¿Cuáles son los requisitos necesarios para que sea válida dicha facultad?**

- Que no haya lesión en la legítima colectiva en caso de que se opte por la atribución libre de gravamen.

- Que el conjunto de liberalidades recibidas por los legitimarios cubra además la mitad de la parte de libre disposición cuando se opte por la atribución gravada.

En caso de incumplir los requisitos anteriores, la opción será ineficaz y el gravamen se tendrá por no puesto en los términos vistos.

No obstante, a pesar de la ya examinada prohibición de gravamen, existen determinados gravámenes que sí estarán permitidos ¿cuáles son? Conforme al **artículo 501 del Código del Derecho Foral de Aragón**, sin perjuicio de cualesquiera otros previstos en la ley, son:

- Aquellos dispuestos en beneficio de otros descendientes, presentes o futuros, dentro de los límites de las sustituciones fideicomisarias.
- Los establecidos para el caso de fallecer todos los legitimarios sin descendencia, y solo relativamente a los bienes de que cada uno no hubiere dispuesto.
- Los establecidos con justa causa, que esté expresada en el título sucesorio o en documento público, a estos efectos se entiende por justa causa la que busca un mayor beneficio del legitimario gravado o de los demás legitimarios. Se entenderá justa la causa mientras no se demuestre lo contrario.

> **CUESTIÓN**
>
> **¿Qué sucede si el gravamen impone una obligación cuyo incumplimiento produce la transferencia de los bienes heredados por el gravado a otra persona?**
>
> En estos casos, solo será válido el gravamen cuando la otra persona a la que se le transfieren los bienes sea otro descendiente.

¿Cómo se regula la legítima en las Islas Baleares?

El **Decreto Legislativo 79/1990, de 6 de septiembre, por el que se aprueba el texto refundido de la compilación del derecho civil de las Islas Baleares**, distribuye sus normas en tres libros dependiendo de la isla de que se trate: Mallorca, Menorca o Ibiza y Formentera, en consonancia con ello hace referencia a las legítimas en dos puntos:

- Dentro de las **disposiciones aplicables a la isla de Mallorca**, sección 4.ª, capítulo III, título II, libro I, **artículos 41 a 49 del Decreto Legislativo 79/1990, de 6 de septiembre**. Estos preceptos son aplicables también a **Menorca** en virtud de la remisión que efectúa el artículo 65 del citado Decreto Legislativo.
- En las **disposiciones aplicables a las islas de Ibiza y Formentera**, capítulo VI, título II, libro III, **artículos 79 a 83 del Decreto Legislativo 79/1990, de 6 de septiembre**.

> **A TENER EN CUENTA.** Los artículos 50 y 51 del Decreto Legislativo 79/1990, de 6 de septiembre, han sido derogados por la Ley 8/2022, de 11 de noviembre, de sucesión voluntaria paccionada o contractual de las Illes Balears, la cual deja sin efecto los preceptos de aquel relativos a los pactos sucesorios, entre ellos, los citados artículos 50 y 51. La entrada en vigor de esta norma ha sido el 17 de enero de 2023.

La legítima en Mallorca y Menorca

Son legitimarios:

- Los hijos y descendientes por naturaleza, matrimoniales y no matrimoniales, y los adoptivos.
- Los progenitores, por naturaleza o adopción.
- El cónyuge viudo.
- ¿Cuál es la legítima de los hijos y descendientes?

La legítima de los hijos, por naturaleza y adoptivos y, en representación de los premuertos, de sus descendientes, constituye:

- Una **tercera parte** del haber hereditario, si son cuatro o menos.
- La **mitad** del haber hereditario si exceden de cuatro.

A estos efectos se tomarán en cuenta los hijos y las estirpes de los premuertos y harán número el legitimario instituido heredero, el renunciante, el desheredado, el que haya otorgado definición y el declarado indigno de suceder. Cualquiera que sea el caso, si la legítima no ha de satisfacerse pasará a incrementar la parte de libre disposición sin acrecer a los colegitimarios.

|| En defecto de hijos y descendientes ¿quién es legitimario?

Faltando hijos y descendientes, se consideran legitimarios:

LEGÍTIMA DE LA CUARTA PARTE DEL HABER HEREDITARIO	
Sucesión del hijo matrimonial	Sus progenitores
Sucesión del hijo no matrimonial	Los progenitores que le hubieren reconocido o hayan sido judicialmente declarados como tales
Sucesión del hijo adoptivo	Los progenitores adoptantes

Si concurren ambos progenitores se dividirá entre ellos por mitad y si alguno hubiera premuerto corresponderá íntegra al sobreviviente.

Los hijos adoptivos y sus descendientes no serán legitimarios en la sucesión de sus progenitores y ascendientes por naturaleza, ni estos en la de aquellos, salvo en el caso de que un consorte adopte al hijo por naturaleza de otro, el cual tendrá, juntamente con el adoptante derecho a legítima. En este supuesto el hijo adoptivo y sus descendientes serán legitimarios en la sucesión del progenitor por naturaleza o ascendiente.

|| La legítima del cónyuge viudo

Al morir el consorte, el cónyuge que no se encuentre separado legalmente ni se hayan iniciado, por parte de ninguno de los cónyuges, los trámites para ello, será legitimario en la sucesión de este.

En caso de que haya reconciliación debidamente acreditada entre los cónyuges separados, el superviviente conservará sus derechos.

La legítima vidual será:

- Si concurre con descendientes: el usufructo de la mitad del haber hereditario.
- Si concurre con progenitores: el usufructo de dos tercios del haber hereditario.
- En el resto de los casos: el usufructo universal.
- ¿Cómo se atribuye la legítima?

Podrá atribuirse la legítima por cualquier título. La misma conferirá a los legitimarios el derecho a ejercitar las acciones de petición y división de herencia y a promover el juicio de testamentaría, salvo el caso del pago de la legítima en metálico.

En cuanto a las reglas para fijar la legítima, cabe señalar:

- Se deducirá del valor de los bienes al tiempo del fallecimiento del causante el importe de las deudas y cargas, sin incluir las impuestas en el testamento, y los gastos de última enfermedad, entierro y funeral.
- Al valor líquido fijado se añadirá el de las liberalidades computables, por el que tenían al tiempo del fallecimiento, deducidas las mejoras útiles y los gastos extraordinarios de conservación o reparación, costeados por el beneficiario y con agregación del importe de los deterioros causados por culpa de aquel que hubieran disminuido su valor.

La legitima atribuye derecho a una porción del haber hereditario y debe ser pagada en bienes de la herencia. Si bien, el testador, en todo caso, y el heredero distribuidor, si no se le hubiere prohibido, podrán autorizar el pago de la legítima en dinero, aunque no lo haya en la herencia.

> **A TENER EN CUENTA**. Deben respetarse los legados de cosa específica y la asignación o distribución de bienes determinados, ordenados a favor de los legitimarios por el testador o heredero distribuidor.

Por lo que se refiere al pago de la legítima, deberá atenderse al valor de los bienes hereditarios al tiempo de la liquidación, incrementado con los frutos y rentas producidos desde la muerte del causante. El crédito metálico devengará el interés legal desde la liquidación.

> **CUESTIÓN**
>
> **¿Qué sucede en caso de que se decida pagar la legítima en metálico?**
>
> La decisión de pagar la legítima en metálico solo produce efectos si se comunica fehacientemente a los legitimarios en el plazo de un año desde la apertura de la sucesión. El pago ha de hacerse en el año siguiente a la comunicación, en caso de que la legítima no supere la tercera parte de la herencia, y en el término de 2 años, en caso contrario.

De no hacerse el pago en metálico en dichos plazos, podrá el legitimario reclamar su pago o complemento judicialmente, pudiéndose anotar la demanda en el Registro de la Propiedad.

En cuanto al pago en metálico, todos los bienes de la herencia están afectos al mismo, si bien respecto a terceros hipotecarios y en garantía de los legitimarios será aplicable el **artículo 15 de la Ley Hipotecaria**.

RESOLUCIÓN RELEVANTE

Auto del Tribunal Supremo, rec. 2248/2017, de 15 de septiembre de 2019, ECLI:ES:TS:2019:9574A

«En el primer motivo, se alega la inexistencia de una hipoteca legal tácita. Naturaleza de la afección. Improcedencia interpretativa de los arts. 48.6 de la Compilación Balear en relación con el art. 15 y art. 194 LH .

La parte recurrente considera que no es posible que se tenga por constituida una hipoteca legal tácita en pago de la legítima estricta, porque el reconocimiento de los derechos legitimarios de los recurridos no trae causa en dicha legítima, pues caducó la posibilidad de decisión de pago en metálico de aquellos derechos al amparo del art. 48 de la Compilación Balear. Por el contrario, el pago en metálico, se derivaría del acuerdo posterior entre heredero y concursado y sus hermanos legitimarios; y, por tanto, no de un acto mortis causa, sino inter vivos, al margen de las disposiciones testamentarias.

El motivo incurre en la causa de inadmisión prevista en el art. 483.2.2.º LEC , de falta de cumplimiento en el escrito de interposición de los requisitos establecidos para los distintos casos, desarrollada por el acuerdo de esta sala sobre criterios de admisión de los recursos de casación y extraordinario por infracción procesal de 27 de enero de 2017, por incumplimiento de los requisitos del encabezamiento y del desarrollo de los motivos, en relación con la falta de acreditación del interés casacional, y en la causa de inadmisión prevista en el art. 483.2.4.º LEC , de carencia manifiesta de fundamento, por no respetar la base fáctica y razón decisoria de la resolución recurrida.

La parte recurrente no determina la modalidad de interés casacional en la que se basa el recurso, ni tampoco identifica ni la doctrina jurisprudencial supuestamente vulnerada o sobre la que exista contradicción, ni tampoco a lo largo del motivo se cita sentencia alguna. Si bien en los antecedentes del recurso se hace referencia a dos sentencias de dos Audiencias Provinciales, ello se desarrolla en el segundo motivo- como se expondrá en el siguiente fundamento- pero lo cierto es que, en el presente motivo, nada se acredita en relación con el interés casacional, por lo que incurre en causa de inadmisión.

Además, el motivo se opone a la base fáctica de la sentencia. Ello porque considera que el pago en metálico de la legítima se convino contractualmente, y, por tanto, el recurso lo abstrae de su causa, que es el pago de la legítima, conforme el art. 15 LH, en relación con el art. 48 de la Compilación Balear.

No es un hecho controvertido, que los recurridos son legitimarios con derecho a obtener el pago de la legítima estricta derivada de la herencia de su padre y que debía ser abono por el heredero, hermano y concursado ahora recurrente. A pesar de los argumentos del motivo, la sentencia recurrida se remite a su vez a la sentencia dictada por la Sección Tercera de la Audiencia Provincial de Mallorca, de fecha 15 de julio de 2010, dictada en el juicio verbal núm. 360/2009 en virtud de la cual, tuvo lugar la inscripción de los derechos legitimarios de los recurridos, sobre todos los bienes que componían el caudal relicto y la suscripción de la escritura pública de reconocimiento de deuda de constitución de hipoteca. En dicha escritura se establecía un sistema de pagos de la legítima en metálico del principal.

> *Por lo tanto, el recurso se opone a la base fáctica de la sentencia, por cuanto, el reconocimiento de deuda que debía abonarse en metálico necesariamente trae causa en la legítima de los recurridos y a su vez, en la protección conferida a ésta mediante el gravamen de los bienes que forman parte del caudal relicto.*
>
> *Fue precisamente el incumplimiento de las obligaciones impuestas por la escritura pública que debía cumplir el recurrente -esto es el pago en metálico-, lo que determina que subsista la hipoteca legal tácita sobre los bienes. Ello es la razón decisoria de la resolución recurrida y por eso se explica, que:*
>
> *'El heredero -aquí apelado junto con la administración concursal- pudo haber liberado los bienes trabados por la hipoteca legal tácita y para ello tenía la responsabilidad de llevar a cabo la inscripción de las hipotecas, pues solicitó y obtuvo el consentimiento de los legitimarios como consta en la escritura pública de constante referencia. A pesar de que los hermanos apelantes habían consentido en sustituir esa traba por concretas hipotecas en garantía del pago de la deuda reconocida (en metálico) estas nunca llegaron a constituirse por lo que el heredero debe pechar ahora con las consecuencias de no haber cumplido ni con el pago de la legítima ni con la constitución de la garantía que actúa como una suerte de ' cancelación' de la hipoteca legal tácita.'.*
>
> *Por lo tanto, debe inadmitirse el motivo, que se fundamenta en defender sus propias valoraciones y que hace abstracción de la escritura pública del reconocimiento de deuda otorgada al amparo del art. 15 LH , para defender que se trata de un convenio de acuerdo entre las partes cuyo incumplimiento no se reconoce y así negar la existencia de una hipoteca legal tácita, lo que evidencia una carencia manifiesta de fundamento».*

Asimismo, cabe destacar que, aun cuando no se exprese así, la institución de heredero, la asignación o distribución de bienes, el legado y la donación a favor de quien resulte legitimario implicarán atribución de legítima, de modo que se imputarán en satisfacción de ella, salvo que se disponga otra cosa por el causante, donante o el heredero distribuidor. La imputación referida surte efecto aun en el caso de que el legitimario repudie la herencia, la asignación o distribución, o el legado.

En este sentido, resulta interesante la **sentencia de la Audiencia Provincial de Baleares n.º 80/2019, de 14 de marzo, ECLI:ES:APIB:2019:518**, la cual manifiesta que *«conforme se deriva de estos preceptos, las donaciones del causante de que fueron beneficiarios sus herederos forzosos surten un doble efecto: el constitutivo de la cuantía de la legítima y el extintivo del derecho mismo, toda vez que las donaciones a favor del legitimario implican atribución de legítima, aunque no se exprese así, y se imputan en satisfacción de ella siembre que el donante no haya dispuesto lo contrario, a tenor de lo que establece el párrafo séptimo del art. 48 de la Compilación».*

Finalmente, añade el **artículo 49 del Decreto Legislativo 79/1990, de 6 de septiembre**, que:

> «La disposición a favor de un legitimario por valor superior a su legítima, con la expresa prevención cautelar de que, si no acepta las cargas o limitaciones que le imponen se reducirá su derecho a la legítima estricta, facultará aquel para aceptar la disposición en la forma establecida o hacer suya la legítima libre de toda carga o limitación».

La legítima en Ibiza y Formentera

A tenor de lo dispuesto en el **artículo 79 del Decreto Legislativo 79/1990, de 6 de septiembr**e, son legitimarios:

- Los **hijos y descendientes** por naturaleza, matrimoniales y no matrimoniales, y los adoptivos.
- Los **progenitores**, por naturaleza y adopción.
- ¿Cuál será el importe de la legítima?

En el caso de los **descendientes** la legítima está constituida por:

- La **tercera parte** del haber hereditario si fueren cuatro o menos de cuatro.
- La **mitad** de la herencia si excediesen de este número.

Los hijos se contarán por cabezas y los demás descendientes por estirpes. Las dos terceras partes o la mitad restantes, según los casos, serán de libre disposición.

En lo que se refiere a la legítima de los **progenitores**, en cuanto no se oponga a lo previsto en los **artículos 79 a 83 del Decreto Legislativo 79/1990, de 6 de septiembre**, se estará a los **artículos 809 y 810, párrafo primero, del CC**, de los que se infiere que:

- La legítima de los progenitores es la **mitad del haber hereditario** de los hijos y descendientes, salvo que concurra con el cónyuge viudo del descendiente causante, en cuyo caso será de una tercera parte de la herencia.
- La legítima que se reserve a los progenitores se divide entre los dos por partes iguales, si uno de ellos fallece, recae toda en el sobreviviente.

> **A TENER EN CUENTA.** El último párrafo del **artículo 79 del Decreto Legislativo 79/1990, de 6 de septiembre**, como ya se ha señalado, indica que en lo que se refiere a la legítima de los progenitores, se estará a lo dispuesto en los **artículos 809 y 810 párrafo primero del CC**, pero siempre y cuando no contradiga lo preceptuado en el capítulo VI del referido Decreto Legislativo.

Para determinar la legítima individual siendo varios los legitimarios hacen número el que de ellos sea heredero, el que la haya renunciado u otorgado «finiquito», el desheredado justamente y el declarado indigno de suceder al causante, sin perjuicio de los derechos de los hijos o descendientes de los dos últimos conforme a los **artículos 761 y 857 del Código Civil**.

En cuanto a las **facultades y deberes del obligado al pago de la legítima** cabe destacar, de un lado, si se trata del heredero o sucesor contractual obligado a pagarla, este podrá:

- Sin intervención de los legitimarios:
  - Aceptar la herencia.
  - Inscribir los bienes recibidos en los registros públicos.
  - Enajenar o gravar los bienes por cualquier título.

- Pagar la legítima en dinero o metálico, aunque no lo hubiera en la herencia, salvo disposición en contra del testador o del instituyente

Asimismo, de otro lado, el obligado al pago de la legítima deberá soportar la afección real legitimaria de todos los bienes a él adjudicados por herencia, donación o heredamiento.

Añade el **artículo 81 del Decreto Legislativo 79/1990, de 6 de septiembre**, que el importe de la legítima que se fije el día del fallecimiento del causante variará atendiendo a las alteraciones intrínsecas del valor de los bienes de la herencia hasta el momento del pago.

CUESTIÓN

¿La legítima devengará interés?

Sí, la legítima devenga el interés legal de su importe desde el fallecimiento del causante aun cuando el pago se haga en bienes hereditarios. En el caso de que se haga legado, señalamiento o asignación de cosa específica en concepto de legítima o imputable a ella, el legitimario que se vea favorecido hará suyos los frutos o rentas que la cosa produzca desde la muerte del causante en sustitución de los intereses. No obstante, si el legitimario vive en la casa y en compañía del heredero o del usufructuario universal de la herencia y a sus expensas, mientras tanto, la legítima no satisfecha no devengará intereses.

Respecto del legitimario, el **artículo 82 del Decreto Legislativo 79/1990, de 6 de septiembre**, fija las reglas siguientes:

- Si el legitimario tiene derecho a una parte de valor, concretada en bienes o en dinero, aquel derecho grava con afección real todos los bienes de la herencia.

- En caso de cesión del derecho a la legítima a un tercero no legitimario, existirá derecho de retracto entre los que sí que tengan esta condición.

- Si bien, el legitimario por esta sola condición no tendrá derecho de retracto en la venta por el heredero de los bienes hereditarios.

- Se prohíbe al legitimario ejercitar las acciones de petición y división de la herencia.

- ¿Qué hechos pueden extinguir la legítima? Pues bien, cabe citar aquí la renuncia pura y simple de aquella, la desheredación justa y la declaración de indignidad para suceder, no obstante, estas circunstancias extinguen la legítima individual. Entonces ¿no pueden producir la extinción total de la legítima? Sí, en el caso de que dichas circunstancias concurran en el legitimario único o, si son varios, en todos ellos. Extinguida, la legítima acrecerá a la herencia sin perjuicio de la aplicación de los citados artículos 761 y 857 del CC.

Finalmente ¿**existe plazo para exigir la legítima**? La respuesta es afirmativa, en tanto la acción para exigirla tiene un plazo de **prescripción de 30 años** desde la muerte del causante. Si bien, dicho plazo no corre respecto del legitimario entre tanto viva en casa y compañía del heredero o del usufructuario universal de la herencia y a sus expensas, y ¿**qué sucede si fallece en esta** situación y ha transcurrido el plazo señalado? Entonces, en estos casos, opera la prescripción, siempre que no hubiera reclamado la legítima judicial o extrajudicialmente ni la hubiera mencionado en su testamento.

¿Dónde se regula la legítima en Cataluña?

La legítima en Cataluña se regula por la **Ley 10/2008, de 10 de julio, del libro cuarto del Código Civil de Cataluña**, relativo a las sucesiones, concretamente en el capítulo I, título V, **artículos 451-1 a 451-27 del Código Civil de Cataluña** (en adelante CCCat).

El CCCat en el artículo 451-1 define el derecho a la legítima como aquel que confiere a ciertas personas el derecho a obtener en la sucesión del causante un valor patrimonial que este puede atribuirles a título de institución hereditaria, legado, atribución particular o donación, o de cualquier otra forma. Este derecho nace en el momento de la muerte del causante, de manera que antes de este momento no podrá embargarse por deudas de los presuntos legitimarios.

La legítima se presume aceptada, entre tanto, no se renuncia a la misma de forma expresa, pura y simple. Asimismo, el derecho a percibirla se transmite a los herederos del legitimario, con la sola excepción del supuesto de extinción previsto en el **artículo 451-25.2 del CCCat**:

> «La legítima de los progenitores se extingue si el acreedor muere sin haberla reclamado judicialmente o por requerimiento notarial después de la muerte del hijo causante».

|| ¿Quién tiene la condición de legitimario en Cataluña?

El CCCat distingue como **legitimarios, con derecho a una cuarta parte de la cantidad base** que se fije en los términos que veremos, entre:

- **Los descendientes**: siendo legitimarios todos los hijos del causante por partes iguales.
- **Los progenitores**: en defecto de descendientes que sobrevivan al causante, son legitimarios los progenitores por mitad. No obstante, no tienen derecho a la legítima aquellos si el causante tiene descendientes, pero han sido desheredados justamente o declarados indignos.

A TENER EN CUENTA. En el caso de que solo un progenitor sobreviva o de que la filiación solo esté determinada respecto a un progenitor, le corresponde a él la legítima de forma íntegra. Lo mismo en el caso de que sobreviviendo los dos, uno de ellos haya sido desheredado justamente o declarado indigno, en que se asignará al otro exclusivamente.

A los efectos de determinar las legítimas individuales, harán número el legitimario que sea heredero, el que ha renunciado a la legítima, el desheredado justamente y el declarado indigno de suceder, sin embargo, no se incluirán al premuerto y al ausente salvo que los representen sus descendientes.

> **CUESTIÓN**
>
> **¿En qué consiste el derecho de representación en Cataluña?**
>
> Al hablar de la legítima de los descendientes, cabe hacer referencia al derecho de representación que corresponde a los descendientes por estirpes en los casos de hijos premuertos, desheredados justamente, declarados indignos y ausentes. Este derecho solo se refiere al derecho a la legítima y no se extiende a las atribuciones patrimoniales ordenadas por el causante a favor del representado, salvo que el representante haya sido llamado por sustitución.
>
> Caso particular es el de la adopción de hijos del cónyuge o de la persona con quien conviva el adoptante en relación de pareja estable, pues el adoptado no es legitimario del progenitor de origen sustituido por la adopción y, en caso de fallecimiento de este, tampoco lo será, por derecho de representación, en la sucesión de los ascendientes de aquel. En el mismo sentido, se aplicará esta regla a la adopción de huérfanos por parientes dentro del cuarto grado respecto a la sucesión de los ascendientes de la rama familiar en que no se ha producido la adopción.

‖ Determinación y pago de la legítima

Fijados quiénes son legitimarios para el derecho civil catalán cabe hacer referencia a las distintas fases que transcurren desde que se determina su cuantía hasta que se hace el pago de la misma, así:

- Cálculo de la legítima.
- Atribución.
- Imputación.
- Pago.

| Cálculo de la legítima

La legítima es la **cuarta parte de la cantidad base** que se fije de acuerdo con las reglas siguientes (**art. 451-5 del CCCat**):

Se parte del valor que los bienes de la herencia tienen en el momento de la muerte del causante, con deducción de las deudas y los gastos de la última enfermedad y del entierro o la incineración.

Al valor líquido resultante, se añade el de los bienes dados o enajenados por otro título gratuito por el causante en los 10 años anteriores a su muerte, excluidas las liberalidades de uso.

El valor de los bienes que han sido objeto de donaciones imputables a la legítima debe computarse, en todo caso, con independencia de la fecha de la donación.

El valor de los bienes objeto de las donaciones o de otros actos dispositivos computables es el que tenían en el momento de morir el causante, con la deducción de los gastos útiles sobre los bienes dados costeados por el donatario y del importe de los gastos extraordinarios de conservación o reparación, no causados por su culpa, que él haya sufragado. En cambio, debe añadirse al valor de estos bienes la estimación de los deterioros originados por culpa del donatario que puedan haber disminuido su valor.

Si el donatario ha enajenado los bienes donados o si los bienes se han perdido por culpa del donatario, se añade, al valor líquido que resulte, el valor que tenían los bienes en el momento de su enajenación o destrucción.

| Atribución de la legítima

La atribución de la legítima podrá hacerse **a título de herencia o de legado**, de manera que la institución de heredero y el legado a favor de un legitimario implican la atribución de aquella, aunque no conste expresamente y, en ese caso, se le imputarán por el valor de los bienes al tiempo del fallecimiento si no se dispone otra cosa, aunque el legitimario repudie la herencia o renuncie al legado.

> **A TENER EN CUENTA.** En caso de que el legitimario repudie la herencia o renuncie al legado, se entiende que también renuncia a la legítima.

Si lo que se dispone como legítima o se imputa a ella es un **legado**, siempre que no sea legado simple de legítima, aquel debe ser **de dinero**, aunque no exista en la herencia, **o de bienes** del caudal relicto. Pero **¿qué bienes?** Pues ha de tratarse de bienes de propiedad exclusiva, plena y libre, con las siguientes excepciones:

- Que no existan bienes de esta condición en la herencia, sin contar a este solo efecto los bienes muebles de uso doméstico.

- Que el legitimario sea cotitular del bien legado, en comunidad ordinaria indivisa con el causante.

- Que el legitimario sea titular de un derecho susceptible de producir la consolidación del dominio conjuntamente con lo que el causante le lega.

Si el legado no cumple lo anterior, el legitimario podrá aceptarlo simplemente o renunciar a él y exigir lo que le corresponda por legítima.

Añade el **artículo 451-7.4 del CCCat** que:

> «La legítima puede legarse en forma simple, utilizando la fórmula «lo que por legítima corresponda» u otras análogas o similares. En este caso, si el legitimario ha sido a la vez instituido heredero o favorecido con otros legados, estas atribuciones implican igualmente la de la legítima, sin que el legado en forma simple le otorgue derecho adicional alguno».

| ¿Qué donaciones y atribuciones son imputables a la legítima?

Sin perjuicio de que el causante pueda dejar sin efecto la imputación a la legítima en testamento o codicilo, así como en pacto sucesorio —solo revocable por causa legal o acuerdo de las partes— o por medio de una declaración en otro acto entre vivos en escritura pública —irrevocable—, son imputables a la legítima:

- Las donaciones entre vivos otorgadas por el causante con pacto expreso de imputación o hechas en pago o a cuenta de la legítima. En este sentido, el carácter imputable de la donación debe hacerse constar de forma expresa al tiempo de su otorgamiento y no puede imponerse después por pacto entre vivos ni por causa de muerte.

- Asimismo, salvo que el causante disponga otra cosa:
  - Las donaciones hechas por el causante a favor de los hijos para que puedan adquirir la primera vivienda o emprender una actividad profesional, industrial o mercantil que les proporcione independencia personal o económica.
  - Las atribuciones particulares en pacto sucesorio, las donaciones por causa de muerte y las asignaciones de bienes al pago de legítimas, hechas también en pacto sucesorio, cuando se hagan efectivas.
- En la herencia de los abuelos, a la legítima de los nietos son imputables los bienes que hayan recibido los progenitores representados que habrían sido imputables a su legítima en caso de ser legitimarios.

> **A TENER EN CUENTA.** Si bien la valoración de las donaciones y demás atribuciones imputables a la legítima se hace conforme a las reglas de cómputo de esta, no será de aplicación el límite de 10 años fijado respecto de los bienes dados o enajenados por otro título gratuito por el causante (**art. 451-8.4 del CCCat**).

Con carácter general, rige la **intangibilidad de la legítima**, esto supone que no se puede imponer sobre ella condiciones, plazos o modos, así como tampoco podrá gravarse con usufructos u otras cargas ni sujetarla a fideicomiso. En caso de que se haga, las limitaciones impuestas se considerarán no formuladas. Pero **¿existe alguna excepción a la referida regla general? Sí,** cabe la posibilidad de que la disposición quede sometida a alguna de las limitaciones citadas y, siendo así, si la disposición excede del valor que por legítima le corresponde al legitimario, este debe optar entre aceptarla en los términos en que se le atribuyó, es decir, con la limitación, o bien reclamar solo lo que en concepto de legítima le corresponde. Esta opción la pierde el legitimario que acepta la herencia o el legado sometidos a limitación.

Si bien es cierto que la institución de heredero, el legado, la atribución particular en pacto sucesorio y las donaciones imputables a la legítima **no privan a los favorecidos de su condición de legitimarios, ¿cómo se procederá en caso de que las atribuciones excedan del importe de la legítima?** Pues, en este caso, los legitimarios hacen suyo el exceso como mera liberalidad. Y **¿si lo que reciben es inferior a la legítima?** En este supuesto, podrán exigir lo que falte como **suplemento de legítima**, con la excepción de que, fallecido el causante, se hayan dado por pagados totalmente de la legítima respectiva o hayan renunciado de forma expresa al suplemento.

> **CUESTIÓN**
>
> **¿Qué sucede si pagada la legítima aparecen nuevos bienes del causante?**
>
> El legitimario tendrá derecho al suplemento correspondiente aun en el caso de que se haya dado por pagado totalmente de la legítima o haya renunciado al suplemento.

‖ Pago de la legítima

Podrá pagarse la legítima y, en su caso, el suplemento, en dinero, aunque no lo haya en la herencia, o por el pago en bienes del caudal relicto, siempre que, por disposición del causante, no tengan que recibirlos los legitimarios por medio de institución de heredero, legado o asignación de un bien específico, atribución particular o donación. En caso de que se opte por el pago en bienes se estará a lo previsto para el legado en el **artículo 451-7.2 del CCCat**. Una vez elegida la opción de pago e iniciado este de una forma determinada, el legitimario puede exigir que el resto se pague de la misma forma.

> **A TENER EN CUENTA.** Los bienes de la herencia que se usen como pago de la legítima se estimarán por su valor en el momento en que el legitimado para pagar los elige o los adjudica y lo notifica al legitimario (art. 451-13 del CCCat).

¿La legítima devengará intereses? Conforme al **artículo 451-14 del CCCat**, el causante podrá disponer que no los devengue o fijar su importe. Si no establece nada al respecto, devengará el interés legal desde la muerte del causante, aunque se pague en bienes de la herencia, salvo que el legitimario conviva con el heredero o el usufructuario universal de la herencia y a su cargo. En cuanto al suplemento de la legítima, solo devengará interés desde que se reclame judicialmente. Y **¿qué ocurre cuando la legítima se hace efectiva por medio de un legado de bien específico o una donación por causa de muerte?** Pues que el legitimario favorecido hace suyos los frutos que el bien produce desde el fallecimiento del causante, en lugar de los intereses. Lo mismo sucede en caso de asignación de bienes específicos hecha en pacto sucesorio si los bienes no han sido entregados a los legitimarios antes de la muerte del causante.

Del pago de la legítima y, en su caso, del suplemento ha de responder personalmente el heredero. Además, el legitimario podrá solicitar la anotación preventiva de la demanda de reclamación de la legítima o del suplemento en el Registro de la Propiedad. Esta misma posibilidad corresponde al legitimario cuando la legítima se atribuya por medio de legado de bienes inmuebles o de una cantidad determinada de dinero, el cual, si procede, se anotará preventivamente.

A los efectos anteriores, el legado simple de legítima no tiene la consideración de legado de cantidad, de modo que no da lugar, por sí mismo, a ningún asentamiento en el Registro de la Propiedad.

‖ ¿Qué ocurre cuando no hay activo hereditario para pagar la legítima?

Cabe hacer referencia aquí a los **artículos 451-22 a 451-24 del CCCat**, que para el caso de que no queden al heredero bienes relictos suficientes para el pago de las legítimas, los legados en concepto de legítima o imputables a ellas y los suplementos, así como para retener la legítima propia sin detrimento, permiten la reducción por inoficiosos de los legados a favor de extraños o de los propios legitimarios excediendo de su legítima, o la simple supresión para dejarla franca. A estos efectos, se dará el mismo tratamiento a las donaciones por causa de muerte y a las asignaciones de legítima que no se han hecho efectivas en vida del causante.

Si después de la reducción o supresión, tampoco alcanza el activo hereditario, se pueden reducir o suprimir las donaciones computables para el cálculo de la legítima otorgadas por el causante y las atribuciones particulares hechas en pacto sucesorio a favor de extraños o, incluso, de legitimarios, en la parte no imputable a la legítima.

En los casos anteriores **¿existe algún modo de evitar la pérdida de la totalidad o parte de lo legado, dado o atribuido? Sí**, pagando a los legitimarios en dinero el importe que deban percibir.

CUESTIÓN

¿Cómo se hace la reducción?

El orden de reducción se contempla en el **artículo 451-23 del CCCat**, del que se infiere que la reducción de los legados y demás atribuciones por causa de muerte se hará en proporción a su valor, con respeto a las preferencias de pago dispuestas por el causante.

En el caso de las donaciones y atribuciones particulares en pacto sucesorio se comienza por la más reciente y se continúa, sucesivamente, del mismo modo, por orden inverso de fecha. Si coincide la fecha o es indeterminada, se reducen a prorrata. En estos supuestos, no podrá el causante alterar el orden de prelación ni disponer que se reduzcan aquellas antes que los legados.

La legitimación para la acción de inoficiosidad corresponde a los legitimarios y a sus herederos, y a los herederos del causante. Dicha acción caduca a los 4 años de la muerte del causante. No obstante, los acreedores del causante no pueden beneficiarse de la reducción o supresión de donaciones por inoficiosas, sin perjuicio de que puedan proceder contra el heredero que no ha disfrutado del beneficio legal de inventario y que se vea favorecido por la reducción o supresión.

| Extinción de la legítima

La legítima se extingue en los casos siguientes (**art. 451-25 del CCCat**):

- **La legítima individual,** por la renuncia a la legítima, la desheredación justa y la declaración de indignidad para suceder. La legítima individual extinguida se integra en la herencia sin que acrezca en ningún caso la de los demás legitimarios, sin perjuicio del derecho de representación.

- **La legítima de los progenitores,** en el caso de que el acreedor muera sin haberla reclamado judicialmente o por requerimiento notarial después de la muerte del hijo causante.

Podrá exigirse la legítima y el suplemento en el plazo de 10 años desde la muerte del causante. Si bien, este plazo de prescripción queda suspendido en el caso de acción de reclamación de legítima o de suplemento contra un progenitor del legitimario durante la vida del primero, sin perjuicio del plazo de preclusión de 30 años establecido en el **artículo 121-24 del CCCat**. Asimismo, se suspenderá la prescripción en caso de designación de heredero por los parientes conforme al **artículo 424-5 del CCCat**, hasta que se produzca la elección.

Por último **¿es posible renunciar a la legítima futura?** La respuesta se encuentra en el **artículo 451-26 del CCCat** del que se infiere, con carácter general, que *«son nulos los actos unilaterales, las estipulaciones en pacto sucesorio y los contratos de transacción o de cualquier otra índole otorgados antes de* *la muerte del causante que impliquen renuncia al derecho de legítima o que perjudiquen a su contenido».* Sin perjuicio de lo anterior, se admite la validez, cuando se otorguen en escritura pública, de los pactos siguientes:

- El pacto entre cónyuges o convivientes en pareja estable renunciando a la legítima que podría corresponderles en la sucesión de los hijos comunes, así como, el pacto de supervivencia por el que el superviviente renuncia a la legítima que podría corresponderle en la sucesión intestada del hijo muerto impúber.

- El pacto entre hijos y progenitores por el que estos renuncian a la legítima que podría corresponderles en la herencia del hijo premuerto.

- El pacto entre ascendientes y descendientes estipulado en pacto sucesorio o en donación por el que el descendiente que recibe de su ascendiente bienes o dinero en pago de legítima futura renuncia al posible suplemento. En este caso la renuncia podrá rescindirse por lesión en más de la mitad del justo valor de la legítima, atendiendo al importe de la legítima del renunciante en la fecha en que se hizo. El plazo de ejercicio de esta acción es de 4 años desde el otorgamiento del pacto.

- ¿Dónde se regula la legítima en Galicia?

La **Ley 2/2006, de 14 de junio, de derecho civil de Galicia** trata de las legítimas en el capítulo V, título X, concretamente, en los **artículos 238** a **257**, distribuidos en tres secciones:

- **Sección 1.ª**, **artículos 238** a **242**. Disposiciones generales.
- **Sección 2.ª**, **artículos 243** a **252**. Legítima de los descendientes.
- **Sección 3.ª**, **artículos 253** a **257**. Legítima del cónyuge viudo.

En concreto, se atribuye la **condición de legitimarios** —artículo 238 de la Ley 2/2006, de 14 de junio— a:

- Los hijos y descendientes de hijos premuertos, justamente desheredados o indignos.

- El cónyuge viudo no separado legalmente o de hecho.

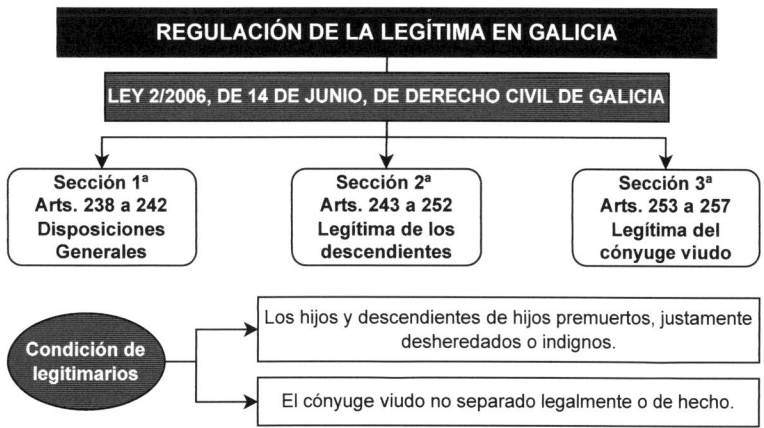

No obstante, aún no previstos como legitimarios los apartados, los que repudien el llamamiento legitimario y sus descendientes hacen número para calcular las legítimas (**art. 239 de la Ley 2/2006, de 14 de junio**).

¿Cuál será el derecho de los legitimarios? Pues bien, corresponde a estos el derecho a recibir del causante, por cualquier título, una atribución patrimonial en la forma y medidas previstas en la ley (**art. 240 de la Ley 2/2006, de 14 de junio**).

Del **artículo 241 de la Ley 2/2006, de 14 de junio** se infieren determinadas restricciones respecto a la legítima, por ello, dejando a salvo el usufructo del cónyuge viudo, no podrán imponerse sobre aquella cargas, condiciones, modos, términos, fideicomisos o gravámenes de clase alguna. En caso de que se establezcan, se tendrán por no puestos.

Salvo en los casos de apartación, será nula toda renuncia o transacción sobre la legítima realizada antes de la apertura de la sucesión (**art. 242 de la Ley 2/2006, de 14 de junio**).

‖ ¿Cuál es la legítima de los descendientes en Galicia?

La **Ley 2/2006, de 14 de junio, de derecho civil de Galicia** se refiere a la legítima de los descendientes en los **artículos 243 a 252**.

Conforme al **artículo 243 de la mencionada ley**, la legítima de los descendientes está constituida por la cuarta parte del valor del haber hereditario líquido que se dividirá entre los hijos o sus linajes.

¿Cómo se fijará la legítima? Atendiendo a las reglas del **artículo 244 de la Ley 2/2006, de 14 de junio, de derecho civil de Galicia**:

- Se computarán todos los bienes y derechos del capital relicto por el valor que tuvieran en el momento de la muerte del causante, con deducción de sus deudas. Dicho valor se actualizará monetariamente en el momento en que se haga el pago de la legítima.

- Se añadirá el valor de los bienes transmitidos por el causante a título lucrativo, incluidos los dados en apartación, considerado en el momento de la transmisión y actualizado monetariamente en el momento de efectuarse el pago de la legítima. Como excepción, no se computarán las liberalidades de uso.

RESOLUCIÓN RELEVANTE

Sentencia de la Audiencia Provincial de Pontevedra n.º 158/2020, de 15 de abril, ECLI:ES:APPO:2020:480

«En cuanto al momento con relación al cual debe realizarse el avalúo, si bien el art. 244 de la Ley de derecho civil de Galicia atiende al momento del fallecimiento del causante, tal previsión es coherente con el entendimiento de las legítimas como limitación de la libertad de disponer del causante: tal limitación impera mientras el constreñido por ella está vivo, pero la finalidad del precepto queda ahí y no se extiende a determinar el instante a tener en cuenta para efectuar el avalúo de los bienes como operación particional que sigue al inventario y que precede a la liquidación, cuestión no normada por la ley gallega y para cuya decisión hemos de estar a las reglas generales del Código Civil, conforme al cual las valoraciones a realizar a efectos de

> *partición vienen referidas al momento en que se tasan los bienes hereditarios (SSTS 779/2009, de 10 de diciembre; 391/2008, de 19 de mayo; 29/2008, de 24 de enero; 607/2007, de 15 de junio, 129/2006, de 23 de febrero; 124/2006, de 22 de febrero; 954/2005, de 14 de diciembre, y 750/2005, de 21 de octubre)».*

Asimismo, se **imputará al pago de las legítimas de los descendientes**, salvo disposición en contrario del causante (**art. 245 de la Ley 2/2006, de 14 de junio, de derecho civil de Galicia**):

- Cualquier atribución a título de herencia o legado, aunque el legitimario renuncie a ella.
- Las donaciones hechas a los legitimarios, así como las mejoras pactadas con ellos.
- Las donaciones hechas a los hijos premuertos que fueran padres o ascendientes de un legitimario.

La imputación de las donaciones se realizará por el valor que tuvieran los bienes en el momento de la donación, actualizado monetariamente en el tiempo del pago de la legítima.

CUESTIÓN

Si el testador no asigna la legítima en bienes determinados ¿cómo ha de pagarse aquella?

En estos casos, conforme al **artículo 246 de la Ley 2/2006, de 14 de junio, de derecho civil de Galicia**, los herederos, de común acuerdo, podrán optar entre pagarla en bienes hereditarios o en metálico, aunque sea extra hereditario. En defecto de acuerdo, el pago será en bienes hereditarios.

No obstante, no podrá pagarse una parte de la legítima en dinero y otra en bienes, salvo disposición del testador o pacto al respecto.

En caso de que los bienes atribuidos por el causante a un legitimario no sean suficientes para satisfacer la legítima, solo tendrá este derecho a su complemento conforme al **artículo 246 de la Ley 2/2006, de 14 de junio, de derecho civil de Galicia**.

RESOLUCIÓN RELEVANTE

Sentencia de la Audiencia Provincial de A Coruña n.º 8/2018, de 23 de marzo, ECLI:ES:APC:2018:662

«TERCERO.-Infracción de ley sucesoria La recurrente funda la invocada infracción de ley sucesoria en tres motivos: por fusionar tres herencias en un solo procedimiento de división, por infringir el régimen que para la atribución de los legados se prevé en el Código Civil y por infringir el artículo 246 LDCG respecto del pago de la legítima.

El Tribunal Supremo viene considerando posible la acumulación de las acciones de división de varias herencias en un solo procedimiento (SSTS de 19 de enero y 18 de julio de 2012 , entre otras). En este caso, la acumulación de la división de las herencias de los padres y la hermana de la recurrente no evita que las pretensiones acumuladas tengan su propio tratamiento cuasi-autónomo, pero en la medida en que están relacionadas entre sí, el procedimiento debe regirse por la simplificación de las operaciones concurrentes, de modo que las pretensiones relativas a la previa liquidación de la sociedad de gananciales de los cónyuges y la formación de inventa-

rio de la herencia de una de las hijas de éstos no precisan de fases independientes o autónomas, de modo que si los herederos han estado conformes, como es el caso, en la necesidad de dividir las tres herencias y si han consentido la indivisión de esas distintas masas patrimoniales desde el fallecimiento de Dña. Milagros (el 28 de julio de 1990) hasta el fallecimiento de D. Florian (el 17 de febrero de 2004), pasando por el fallecimiento de una de las dos hijas de ambos el 4 de septiembre de 1999, solicitando la división cuando ya los tres habían fallecido, deben asumir la razonabilidad de una adjudicación global de las tres herencias, porque ningún perjuicio se les causa desde el momento en que las fases de inventario, avalúo y adjudicación por valor han sido correctamente cumplidas. Así lo entiende la Audiencia Provincial de Madrid, Sección 11, en su sentencia de 25 de octubre de 2012 : ' no se puede defender la existencia de dos fases diferenciadas y autónomas, la liquidación de la sociedad de gananciales y luego la adjudicación y partición hereditaria, porque en ese punto de partida obviaría por completo el hecho de la acumulación de acciones, que supone la resolución conjunta del estado de la comunidad postganancial a la muerte del causante para, a partir de aquí, proceder a fijar el caudal hereditario y su distribución entre los herederos de acuerdo a las disposiciones testamentarias'».

¿**Quién ha de pagar la legítima o su complemento?** Pues, podrán hacerlo el heredero, el comisario o contador-partidor así como el «testamentero» facultado para ello. Si bien, solo los herederos tendrán la opción de pagar la legítima en metálico extra hereditario (**art. 248 de la Ley 2/2006, de 14 de junio, de derecho civil de Galicia**).

En cuanto a los **derechos de reclamación por parte del legitimario**, el **artículo 249 de la Ley 2/2006, de 14 de junio, de derecho civil de Galicia** establece que este no tendrá acción real para reclamar su legítima y será considerado, a todos los efectos, como un acreedor.

A pesar de ello, nada impide que el legitimario pueda exigir que el heredero, el comisario, el contador-partidor o el «testamentero» facultado para el pago de la legítima formalice inventario, con valoración de los bienes, y lo protocolice ante notario. Igualmente, podrán solicitar anotación preventiva de su derecho en el registro de la propiedad sobre los bienes inmuebles de la herencia.

¿**Cuál es el plazo para pagar las legítimas o su complemento?** El heredero deberá pagar en el plazo de un año desde la reclamación del legitimario, transcurrido el cual la legítima producirá el interés legal del dinero. Pero ¿**qué sucede si el legitimario no está conforme con la liquidación de la legítima y rechaza el pago?** En este caso, el heredero o la persona facultada para entregarla podrá proceder a la consignación judicial.

Cuando no existan bienes suficientes en la herencia para pagar las legítimas, ¿**cómo se procederá?** Conforme al **artículo 251 de la Ley 2/2006, de 14 de junio, de derecho civil de Galicia**, en este caso, podrán reducirse por inoficiosos los legados y donaciones computables para su cálculo por el orden siguiente:

- En primer lugar, salvo disposición en contra del testador, los legados a prorrateo.

- Si no son suficientes, las donaciones por el orden de sus fechas comenzando por las más recientes.

- Si tampoco así alcanzan, podrán reducirse las apartaciones hechas por el causante y los pactos sucesorios. En caso de ser varias, se reducirán todas a prorrateo.

CUESTIÓN

¿Podrá en algún caso evitarse la reducción prevista?

Sí, los afectados por la reducción podrán evitarla entregando en metálico su importe para el pago de las legítimas.

Finalmente, el **artículo 252 de la Ley 2/2006, de 14 de junio, de derecho civil de Galicia** establece **un plazo de 15 años desde el fallecimiento del causante** para que las acciones de reclamación de legítima y de reducción de disposiciones inoficiosas prescriban.

|| ¿Cuál es la legítima del cónyuge viudo en Galicia?

Se refiere a la legítima del cónyuge viudo en el derecho civil gallego la sección 3.ª, capítulo V, título X, **artículos 253** a **257 de la LDCG**. La referida legítima se concreta de la siguiente manera:

Concurre con descendientes del causante	Usufructo vitalicio de una **cuarta parte del haber hereditario** fijado
No concurre con descendientes	Usufructo vitalicio de la **mitad del capital**

¿Cómo ha de satisfacerse la legítima del cónyuge viudo? Según el **artículo 255 de la LDCG**, el causante podrá satisfacerla atribuyendo al cónyuge viudo por cualquier título, en usufructo o en propiedad:

- Bienes determinados de cualquier naturaleza.
- Un capital en dinero.
- Una renta.
- Una pensión.

RESOLUCIÓN RELEVANTE

Sentencia de la Audiencia Provincial de A Coruña n.º 175/2014, de 2 de junio, ECLI:ES:APC:2014:478

«2.º- La Ley de Derecho Civil de Galicia regula la legítima del cónyuge viudo (artículo 238), que no puede confundirse con el pacto sucesorio de usufructo de viudedad universal o sobre parte de la herencia. Si el viudo no concurre con descendientes su derecho legitimario es sobre el usufructo vitalicio de la mitad del caudal hereditario (artículo 254). Legislación gallega que confiera al testador la facultad de atribuir determinados bienes, en propiedad o usufructo, en pago de ese derecho legitimario, pues el artículo 255 de la Ley de Derecho Civil de Galicia prevé que «O causante poderá satisfacer a lexítima do cónxuxe viúvo atribuíndolle por calquera título, en usufruto ou en propiedade, bens determinados de calquera natureza, un capital en cartos, unha renda ou unha pensión» .

Don Prudencio dispuso en su testamento que «Lega a su esposa... la cuota legal usufructuaria que le será adjudicada en el usufructo del piso...; el usufructo de la

---

> *mitad indivisa; y la propiedad de la biblioteca jurídica y médica del testador...» . Claramente se está refiriendo a la legítima del cónyuge viudo (artículo 238 de la Ley de Derecho Civil de Galicia), en la cuantía 'legal usufructuaria' (artículo 254), ejercitando la opción de adjudicar bienes por cualquier título. En este caso don Prudencio hace uso de dicha su facultad, atribuyéndole el usufructo de unos inmuebles y derechos, y la propiedad de libros. Y lo hace por vía de legado».*

Asimismo, si el causante no lo prohibió, es posible que los herederos conmuten la legítima del cónyuge viudo por alguna de las atribuciones anteriores y opten por la modalidad de pago, si bien habrán de acordar con la persona viuda los bienes o derechos en que se concretará. **¿Y si no hay acuerdo?** Pues, en ese caso, decidirá la autoridad judicial (**art. 256 de la LDCG**).

No obstante, con preferencia a la posibilidad de conmutar referida, y siempre que no exceda de su cuota usufructuaria, el cónyuge viudo podrá optar, en base al art**ículo 257 de la LDCG**, por hacerla efectiva sobre la vivienda habitual, el local donde ejerza su profesión o la empresa que viniera desarrollando con su trabajo.

¿Cómo se regula la legítima en Navarra?

La **Ley 1/1973, de 1 de marzo, por la que se aprueba la Compilación de Derecho Civil Foral de Navarra**, se refiere a la legítima en el capítulo II, título X, libro II, **leyes 267** a **271**. Estas normas fueron modificadas por la Ley Foral 21/2019, de 4 de abril, en vigor desde el 16 de octubre de 2019, la cual señala en su preámbulo que:

> «La legítima navarra se mantiene en su configuración tradicional, o lo que es lo mismo, como **institución meramente formal y sin contenido patrimonial**. Y si bien se suprime la expresión hasta ahora recogida en la ley 267 para simplificar su manifestación, dada la obsolescencia de su terminología e, incluso, confusión a la que podía prestar, no deja de recordarla literalmente en su texto, como símbolo de identidad, tal y como tradicionalmente ha sido formulada. Consecuentemente con su mantenimiento, se hace necesario aclarar los presupuestos y efectos de la preterición, así como relajar la formalidad de la institución para aquellos testamentos otorgados sin intervención notarial, modificándose las correspondientes leyes».

Así pues, tradicionalmente la legítima navarra consistía en *«(...) la atribución de "cinco sueldos 'febles' o 'carlines' por bienes muebles y una robada de tierra en los montes comunes por inmuebles" (...)»*, si bien en la actualidad **carece de contenido patrimonial exigible y no atribuye la cualidad de heredero**, además el instituido en la legítima navarra no responderá en ningún caso de las deudas hereditarias ni podrá ejercitar las acciones propias del heredero.

A TENER EN CUENTA. La atribución de la llamada «legítima navarra», con esta denominación u otra, a los legitimarios designados individual o colectivamente en el acto de disposición cumple las exigencias de su institución formal.

No obstante, la **ley 268 de la Compilación de Derecho Civil Foral de Navarra** señala como legitimarios que deberán ser instituidos en testamento y pactos sucesorios a:

- Los hijos.
- En su defecto, sus respectivos descendientes de grado más próximo.

¿Existe alguna excepción a la regla anterior? Sí, en tanto no será necesaria la institución en la legítima foral cuando el disponente:

- Hubiera dotado a los legitimarios.
- Les hubiera atribuido cualquier liberalidad a título mortis causa.
- Los hubiera desheredado por justa causa en los términos de la **ley 270 de la Compilación de Derecho Civil Foral de Navarra**.
- Así como, cuando los legitimarios hubieran renunciado a la herencia del disponente o hubiesen premuerto sin dejar descendencia con derecho a legítima.

Finalmente, en caso de **preterición**, señala la **ley 271 de la Compilación de Derecho Civil Foral de Navarra** que aquella tendrá por efecto la nulidad total o parcial de la institución de heredero, si bien dejará a salvo las demás disposiciones.

Frente a la misma, se podrá ejercitar la acción de impugnación, estando legitimados para ello tanto el legitimario preterido como sus herederos, con derecho a la cuota hereditaria que legalmente les hubiera correspondido.

Con respecto a los testamentos no otorgados ante notario, no se considerarán preteridos los legitimarios que, aún contemplados en el mismo, no se les instituya formalmente en la legítima.

¿Dónde se regula la legítima en el País Vasco?

La **Ley 5/2015, de 25 de junio, de Derecho Civil Vasco**, regula la legítima dentro del capítulo II, título II, concretamente, en la sección 1.ª, **artículos 47 a 57**, relativa a la legítima y en la sección 2.ª, **artículos 58 a 60**, relativa al cálculo de la herencia y pago de las legítimas.

Se define la **legítima** como aquella **cuota sobre la herencia, que se calcula por su valor económico, y que el causante puede atribuir a sus legitimarios** a título de herencia, legado, donación o de otro modo (artículo 48.1 de la Ley 5/2015, de 25 de junio).

El causante está obligado a transmitir la legítima a sus legitimarios, si bien, podrá elegir entre ellos a uno o a varios y apartar a los demás, expresa o tácitamente.

RESOLUCIONES RELEVANTES

Resolución de la Dirección General de Seguridad Jurídica y Fe Pública de 2 de julio de 2020, en el recurso interpuesto contra la calificación de la registradora de la propiedad de San Sebastián n.º 4, por la que se suspende la inscripción de una escritura de aceptación y adjudicación de herencia.

«Señala la RDGRN 4-7-2019 que «los antecedentes históricos, que nos servirían para las zonas tradicionalmente sujetas a la legislación vasca, no pueden ser tenidos

en cuenta para la naturaleza de una legítima aplicable a la totalidad del País Vasco». Tan radical afirmación es contraria a la letra y el espíritu del artículo 149.1.8.º de la Constitución, que sólo permite la asunción de competencias en materia de derecho civil a las CC.AA. que lo tuvieran en el momento de su entrada en vigor, al art. 10.5 del Estatuto de Autonomía del País Vasco, que aclara que la competencia se extiende a la determinación del ámbito territorial de vigencia del derecho civil vasco, criterio asumido sin reservas por el Dictamen del Consejo de Estado de 27-5-1993, así como a la jurisprudencia del TC que anuda la expresión «desarrollo» a la existencia de una conexión, próxima o remota al derecho preexistente, actual o histórico. Y también contraria al art. 3.1 del Código Civil, de aplicación general conforme al propio art. 149.1.8 CE a cuyo tenor, «Las normas se interpretarán según el sentido propio de sus palabras, en relación con el contexto, los antecedentes históricos y legislativos y la realidad social del tiempo en que han de ser aplicadas, atendiendo fundamentalmente al espíritu y finalidad de aquellas».

Por contraste, en el Código Civil la legítima es una porción de bienes de la que el testador no puede disponer (artículo 806). Más que asimilación o parecido en la terminología, lo que se observa es más bien un distanciamiento de la utilizada tanto en el Código Civil como en la ley del 92. Se comprende mucho mejor la naturaleza de la legítima vasca mediante una definición aglutinadora reordenando los distintos preceptos legales: la legítima es "un valor económico que se calcula por una cuota sobre la herencia y que el causante tiene la obligación de transmitir a determinados sucesores por herencia, legado, donación o por cualquier otro modo". No parece que tan profundo cambio terminológico deba ser inane. Huelga reiterar una vez más que las limitaciones a la libertad civil (y cual mayor que la de disponer mortis causa) deben ser interpretadas en sentido restrictivo, conforme a los criterios canónicos de interpretación de las normas jurídicas (arts. 9.3 CE, 4.2 CC y 4 LDCV). Sería absurdo que el enorme esfuerzo normativo tendente a la unificación del derecho civil vasco, sin perjuicio del mantenimiento de las especialidades del Valle de Ayala y de los caseríos guipuzcoanos acabase perpetuando una interpretación de la legítima de los descendientes diferente en Vizcaya y en Guipúzcoa, teniendo que tenerse en cuenta en cada caso sus distintos antecedentes normativos.

Los antecedentes no pueden limitarse estrictamente a la legislación y jurisprudencia anterior a la Ley 5/2015 de Derecho civil vasco; no se pueden obviar los proyectos y borradores que sirvieron de base a la formulación final de la citada Ley. La atribución de la vecindad civil vasca ope legis, no puede en modo alguno desligarse de la deliberada e indiscutible intención de avanzar hacia una mayor libertad a la hora de testar, trasunto de la libertad civil característica del Derecho civil vasco por un lado, mediante una gran reducción de la cuantía de la legítima, tanto respecto del derecho vizcaíno como del Código Civil, la supresión de la legítima de los ascendientes y finalmente, por la consideración de la legítima, a diferencia de la Ley 3/93, como un valor económico sobre la herencia, que no ha de recaer por necesidad sobre los mismos bienes de la herencia, pudiendo ser atribuida a los descendientes por cualquier título, no ocurriendo así en el caso del viudo».

Resolución de la Dirección General y Seguridad Jurídica y Fe Pública, en el recurso interpuesto contra la calificación del registrador de la propiedad de San Sebastián n.º 2, por la que se suspende la inscripción de una escritura de aceptación y adjudicación de herencia.

«La necesaria intervención del legitimario ha sido exigida, entre otras, por la Sentencia del Tribunal Supremo de 8 de marzo de 1989, que reconoce las acciones que corresponden a los legitimarios: Se reduce en determinar si cabe la posibilidad de ejercicio por uno o varios herederos forzosos de la acción de complemento de la legítima antes de haberse practicado la partición del caudal hereditario y, por tanto, antes de

conocerse a cuánto asciende el importe de la legítima estricta correspondiente a cada heredero, por lo que se puede producir una infracción del artículo 818 del Código Civil en relación con el 657 y aplicación indebida de los 1075 y 1079 del Código Civil en relación con los 1056 y 818. Incluso tratándose de partición hecha por contadores partidores, en la ejecución de la misma «será cuando podrá saberse si alguno o algunos de los herederos individualmente considerados, no en la forma indiscriminada y global (…), ha percibido menos de lo que le corresponde por legítima estricta». Así, no es posible ejercer las acciones de rescisión o de complemento en su caso sino hasta saber el montante del «quantum» o valor pecuniario que, por legítima estricta, corresponda a cada uno de los herederos forzosos en la herencia de que se trate, para cuyo conocimiento y fijación han de tenerse en cuenta todos los bienes que quedaren a la muerte del testador, con la deducción de las deudas y de las cargas, salvo las impuestas en el testamento, según prescribe el artículo 818 del Código Civil, lo que permite la práctica de las pertinentes operaciones particionales. También la Sentencia de 18 de julio de 2012 pone de relieve que el legatario que es también legitimario debe intervenir y consentir la partición practicada por los herederos, pues lo contrario podría permitir que se repartiese la herencia sin tener en cuenta sus derechos legitimarios.

No cabe dejar al legitimario la defensa de su derecho a expensas de unas «acciones de rescisión o resarcimiento» o la vía declarativa para reclamar derechos hereditarios y el complemento de la legítima, ejercitables tras la partición hecha y consumada, lo que puede convertir la naturaleza de la legítima de Derecho común, que por reiteradísima doctrina y jurisprudencia es «pars bonorum», en otra muy distinta («pars valoris»), lo que haría que el legitimario perdiese la posibilidad de exigir que sus derechos, aun cuando sean reducidos a la legítima estricta y corta, le fueran entregados con bienes de la herencia y no otros. Y esta doctrina se aplicará aun cuando se haya citado a los legitimarios fehacientemente y no hayan comparecido, ya que conforme reiterada doctrina de este Centro Directivo, la circunstancia de citación a los legitimarios para formación del inventario, no altera la necesidad de su consentimiento.

Como afirmó esta Dirección General en Resolución de 2 de agosto de 2016, cuando la legítima es «pars hereditatis», «pars bonorum» o «pars valoris bonorum», el legitimario, aunque no haya sido instituido heredero ni nombrado legatario de parte alícuota, puede interponer el juicio de testamentaria y participar en la partición hereditaria si el testador no la hubiere efectuado por sí mismo ni la hubiere encomendado a contador partidor. Por lo tanto, a falta de persona designada por el testador para efectuar la liquidación y partición de herencia (artículo 1057, párrafo primero, del Código Civil), y aunque el testador considere que el legitimario ha sido satisfecho en sus derechos, la comparecencia e intervención de éste es inexcusable, a fin de consentir las operaciones particionales de las que resulte que no se perjudica su derecho de carácter forzoso.

En el supuesto concreto de este expediente, no ha intervenido el contador-partidor designado, por lo que se hace necesaria la intervención de los legitimarios en la partición».

A TENER EN CUENTA. La omisión del apartamiento equivale al apartamiento tácito. Asimismo, la preterición, sea o no intencional, de un descendiente heredero forzoso, equivaldrá a su apartamiento.

¿Podrá ser objeto de renuncia la legítima? Sí, la legítima puede ser objeto de renuncia, incluso antes del fallecimiento del causante, mediante pacto sucesorio entre este y el legitimario. Si bien, salvo renuncia de todos los legitimarios, se mantiene la intangibilidad de la legítima para aquellos que no la hayan renunciado.

En este sentido, cabe traer a colación, en cuanto a la **intangibilidad de la legítima**, el **artículo 56 de la Ley 5/2015, de 25 de junio**, del que se infiere la imposibilidad de imponer a los hijos y descendientes, sustitución o gravamen que exceda de la parte de libre disposición, a no ser en favor de otros sucesores forzosos. No obstante, no afectan a la referida intangibilidad, los derechos que se reconozcan al cónyuge viudo o miembro superviviente de la pareja de hecho, ni el legado de usufructo universal a favor del mismo.

Los legitimarios en el derecho civil vasco

Según el **artículo 47 de la Ley 5/2015, de 25 de junio, son legitimarios:**

- Los hijos o descendientes en cualquier grado.
- El cónyuge viudo o miembro superviviente de la pareja de hecho por su cuota usufructuaria, en concurrencia con cualquier clase de herederos.

CUESTIÓN

¿Existe alguna salvedad respecto a la legítima?

Sí, las normas sobre troncalidad en el infanzonado o tierra llana de Bizkaia, y en los términos municipales alaveses de Aramaio y Llodio, prevalecen sobre la legítima, si bien cuando el tronquero sea legitimario, los bienes troncales que se le asignen se imputarán a su legítima.

|| La legítima de los descendientes

La legítima de los hijos o descendientes en el País Vasco será de **un tercio del caudal hereditario.**

¿Qué sucede en caso de hijos premuertos al causante o desheredados? Pues, conforme al **artículo 50 de la Ley 5/2015, de 25 de junio**, aquellos serán sustituidos o representados por sus descendientes.

El causante podrá disponer de la legítima a favor de sus nietos o descendientes posteriores, aunque vivan los padres o ascendientes de aquellos.

En caso de **preterición de todos los herederos forzosos ¿qué ocurre?** Pues que se hacen nulas las disposiciones sucesorias de contenido patrimonial.

Si el heredero forzoso es apartado expresa o tácitamente conservará sus derechos frente a terceros cuando el testamento lesione la legítima colectiva.

Si bien, el **Tribunal de Justicia del País Vasco en su sentencia n.º 4/2024, de 10 de junio, ECLI:ES:TSJPV:2024:1186**, establece doctrina acerca del alcance de la doctrina estricta así como de la naturaleza de los legitimarios, por lo que entiende, que d**eberá entenderse apartado de las sucesiones sometidas a Derecho Civil Vasco el descendiente instituido legatario en la porción de legítima estricta en el testamento otorgado conforme al Código Civil cuando concurra con otro u otros descendientes instituidos herederos o legatarios.**

La mencionada sentencia también se analiza la cuestión acerca de determinar la caracterización de la legítima, esto es, si se trata de una legítima *pars bonorum, pars valoris bonorum* o *pars valoris,* con las consecuencias que ellos tendrá para los derechos del legitimario, ya que pueden verse vulnerados o en la necesidad de su concurrencia a los actos particionales.

Así, el tribunal concluye que la legitima de los descendientes debe caracterizarse como *pars valoris*, como una cuota ideal de la herencia, de forma que los eventuales derechos del legitimario frente al heredero se configuran como un crédito personal abonable con bienes de la propia herencia o ajenos a la misma.

La legítima del cónyuge viudo o miembro superviviente de la pareja de hecho

La legítima del cónyuge viudo o miembro superviviente de la pareja de hecho será el usufructo de la mitad de todos los bienes del causante si concurriere con descendientes. En caso de no existir descendientes, le corresponderá el usufructo de dos tercios de los bienes.

En relación con estos legitimarios ¿cómo se hace efectiva la legítima? En base al artículo 53 de la Ley 5/2015, de 25 de junio, los herederos, de mutuo acuerdo o, en su defecto, por mandato judicial, podrán cubrir el usufructo del cónyuge viudo o miembro superviviente de la pareja de hecho, asignándole:

- Una renta vitalicia.
- Los productos de determinados bienes.
- Un capital en efectivo.

Entre tanto no se efectúe lo anterior, quedarán afectos todos los bienes de la herencia al pago de la parte de usufructo que corresponda.

CUESTIÓN

¿Cuál es el régimen aplicable a los casos en que el usufructo del cónyuge viudo o miembro superviviente de la pareja de hecho recae sobre dinero o fondos de inversión?

Si el usufructo recae sobre dinero o fondos de inversión, sean acumulativos o no, se rige:

- En primer lugar, por las disposiciones del causante y por los acuerdos entre el usufructuario y los nudos propietarios.

- En defecto de acuerdos, el usufructuario de dinero tiene derecho a los intereses y demás rendimientos que produce el capital, y el usufructuario de participaciones en fondos de inversión tiene derecho a las eventuales plusvalías producidas desde la fecha de constitución hasta la extinción del usufructo.

En caso de rendimientos y plusvalías eventuales se regularán por las reglas de los frutos civiles.

Además de la legítima, el cónyuge viudo o miembro superviviente de la pareja de hecho tendrá un derecho de habitación en la vivienda conyugal o de la pareja de hecho, entre tanto se mantenga en estado de viudedad, no haga vida marital ni tenga un hijo no matrimonial o no constituya una nueva pareja de hecho.

¿En qué casos se extingue la legítima viudal o del miembro superviviente de la pareja de hecho? Salvo disposición expresa del causante, no tendrán derechos legitimarios y de habitación en los términos vistos, el cónyuge separado por sentencia firme o por mutuo acuerdo que conste fehacientemente, o el cónyuge viudo que haga vida marital o el miembro superviviente de la pareja de hecho que se encuentre ligado por una relación afectivo-sexual con otra persona (art. 55 de la Ley 5/2015, de 25 de junio).

Finalmente, en relación con el cónyuge viudo o miembro superviviente de la pareja de hecho, se contempla la posibilidad de que el causante disponga en favor de aquellos del **usufructo universal de sus bienes** el cual se extingue por las mismas causas que la legítima. Si el causante no dispone otra cosa expresamente, el legado referido será incompatible con el de la parte de libre disposición. Y si el causante los **dispone de modo alternativo ¿cómo se procederá?** Pues, en ese caso la elección le corresponderá al cónyuge viudo o miembro superviviente de la pareja de hecho.

‖ ¿Cómo se calcula la legítima en el derecho civil vasco?

En cuanto al cálculo de la legítima hay que tener en cuenta los **artículos 58 a 60 de la Ley 5/2015, de 25 de junio,** así para calcular la cuota de legítima que corresponda se tomará el valor de todos los bienes de la sucesión al tiempo en que se perfeccione la delación sucesoria, con deducción de deudas y cargas. Adicionando al valor líquido el valor de las donaciones computables.

CUESTIÓN

¿Qué se entiende por donaciones computables?

Son donaciones computables todas aquellas en las que no media apartamiento expreso o se efectúa a favor de quien no sea sucesor forzoso.

A los efectos de determinar **el valor de las donaciones computables**, señalar:

- El valor de las donaciones computables será el que tenían al tiempo del fallecimiento del causante, deducidas:
  - Las mejoras útiles costeadas por el donatario en los bienes donados.
  - El importe de los gastos extraordinarios de conservación o reparación sufragados por el donatario, no causados por su culpa.
- Al valor de los bienes se agregará la estimación de los deterioros originados por culpa del donatario que hubiesen disminuido su valor.
- En caso de enajenación por el donatario de los bienes donados, se tomará su valor al tiempo de aquella.
- Si los bienes hubiesen perecido por culpa del donatario, se computará su valor al tiempo en que se produjo la destrucción.
- ¿Qué sucede con las donaciones colacionables? En este caso:

- Las donaciones a favor de legitimarios solo serán colacionables si el donante lo dispone de ese modo o no hace apartamiento expreso.

- Las donaciones serán colacionables por el valor de aquellas al tiempo de la partición.

- La falta de apartamiento expreso de los demás legitimarios en las disposiciones sucesorias efectuadas a favor de alguno de ellos determinará la colación de dichas disposiciones.

Por último, en caso de que hubiese **poder testatorio ¿cómo se hará la valoración de los bienes para fijar la legítima?** Según el **artículo 60 de la Ley 5/2015, de 25 de junio**:

- Por el comisario, si no tuviese interés en la sucesión.

- Por el comisario, con el contador-partidor que el causante hubiese designado.

- Por el comisario, con los sucesores presuntos.

- Por decisión judicial.

3.
PRETERICIÓN Y DESHEREDACIÓN EN EL CÓDIGO CIVIL

¿Dónde se regula la preterición en el Código Civil?

En relación con la **preterición**, cabe decir que esta figura se regula esencialmente en el **artículo 814 del Código Civil**. Según la RAE se puede definir la preterición como la *«omisión, en la institución de herederos, de uno que ha de suceder forzosamente, según la ley»*.

El artículo citado indica que la preterición de un heredero forzoso no perjudica la legítima y que se reducirá la institución de heredero antes que los legados, mejoras y demás disposiciones testamentarias.

Sin embargo, la **preterición no intencion**al de hijos o descendientes producirá los siguientes efectos:

- Si **resultaren preteridos todos**, se anularán las disposiciones testamentarias de contenido patrimonial.

- En otro caso, **se anulará la institución de herederos, pero valdrán las mandas y mejoras ordenadas por cualquier título**, en cuanto unas y otras no sean inoficiosas. No obstante, la institución de heredero a favor del cónyuge solo se anulará en cuanto perjudique a las legítimas.

Los descendientes de otro descendiente que no hubiere sido preterido representan a este en la herencia del ascendiente y no se consideran preteridos.

Si los herederos forzosos preteridos mueren antes que el testador, el testamento surtirá todos sus efectos. A salvo las legítimas, tendrá preferencia en todo caso lo ordenado por el testador.

En el caso tratado por la **sentencia de la Audiencia Provincial de Alicante n.º 384/2013, de 6 de noviembre, ECLI:ES:APA:2013:4950**, se recogen diversos elementos relativos a la preterición. La actora interpuso demanda basada en la preterición testamentaria en su cualidad de heredera legítima, con unas peticiones totalmente alternativas o subsidiarias tanto en cuanto a la nulidad de la institución de herederos como al reconocimiento de su cuota hereditaria, pero en todo caso con declaración de nulidad de la escritura de herencia de fecha 11 de marzo de 2002, de las adjudicaciones verificadas y la cancelación de las inscripciones registrales producidas por aquellas adjudicaciones.

Así, la referida sentencia reza el tenor literal siguiente:

«A pesar de lo que se dice en el artículo 806 del Código Civil (la legítima es la porción de bienes de que el testador no puede disponer por haberla reservado la ley a determinados herederos, llamados por esto herederos forzosos), realmente la legítima es una cuota o parte alícuota del patrimonio hereditario (valor de los bienes que queden a la muerte del testador con deducción de las deudas y cargas, sin comprender entre ellas las impuestas en el testamento, y agregándose el valor de las donaciones colacionables -artículo 818) fijada por la ley que, a su vez, obliga al testador a disponer de una parte de sus bienes y derechos, cuya cuantía alcanza la de esa cuota, a favor de una persona también designado por la ley y que se llama legitimario, al que, para el caso de que, en el testamento, no se cumpla ese mandato legal limitador del poder dispositivo del testador, se le concedan mecanismos para impugnar todas o partes de las disposiciones testamentarias y lograr una parte de esos bienes o derechos del patrimonio hereditario (o su equivalente si ya no fuera posible su entrega in natura) hasta la cuantía de su cuota, en el supuesto de que nada se le conceda en el testamento (acción por preterición del heredero forzoso - artículo 814), o en el supuesto de desheredación hecha sin expresión de causa o por causa cuya certeza si fuere contradicha no se probare o que no sea una de las señaladas en los artículos 852 a 855 del Código Civil , o para lograr más bienes o derechos, además de los que ya se le han concedido por el testador, para alcanzar la cuantía de su cuota hereditaria (acción de complemento de la legítima -artículo 815); y, por lo demás, también se le concede la acción rescisoria de reducción de donaciones y legados inoficiosos».

El precepto que comenta la Audiencia Provincial de Alicante en la citada sentencia encierra **la institución de la preterición, que es la omisión del legitimario en el testamento, sin que este haya recibido atribución alguna en concepto de legítima**. Pero el precepto, redactado conforme a la **Ley 11/1981, de 13 de mayo de 1981**, distingue dos clases de preterición:

Preterición intencional: es aquella en que el testador omite al legitimario sabiendo que este existe.

Preterición no intencional o errónea: es cuando la omisión obedece a la ignorancia del testador sobre la existencia del legitimario preterido.

Una y otra clase de preterición producen distintos efectos, pero ambas exigen un doble requisito:

La omisión del legitimario en el testamento: esto es, la preterición se refiere al momento del testamento, no a la muerte, es decir, la preterición se produce si en el testamento se omite al legitimario, sin importar que, en la apertura de la sucesión, producida por la muerte del causante, este haya sabido o no de la existencia de aquel. No se tiene en cuenta la preterición al tiempo de la muerte, según conozca o no de la existencia del legitimario, sino al tiempo del testamento.

Que el **legitimario no haya percibido nada en concepto de legítima** ya que en caso contrario únicamente podría ejercitar la acción de complemento de la legítima previste en el **artículo 815 del Código Civil**.

Si la **preterición es intencional** y consciente por parte del testador, su efecto será la reducción de la institución de heredero en la medida necesaria para cubrir los derechos del legitimario preterido, y si es necesario, y por este orden, la reducción también de los legados, mejoras y demás disposiciones testamentarias. Solo quedan sin efecto aquellas disposiciones testamentarias o parte de las mismas cuya ineficacia sea imprescindible para respetar la legítima del legitimario preterido, observándose el orden reseñado y respetando la validez del resto de las disposiciones testamentarias que no afecten a la legítima.

Asimismo, con arreglo a lo establecido en el ya mencionado **artículo 814 del CC**, la preterición intencional de un heredero forzoso «no perjudica la legítima», lo que significa que tiene derecho a percibirla con cargo al caudal, es decir que el legitimario ingresa en la comunidad de herederos como un heredero por la cuota representada por su legítima. Para ello, el precepto ordena que la reducción comience por la institución de heredero antes que los legados, mejoras y demás disposiciones testamentarias (**sentencia del Tribunal Supremo n.º 342/2020, de 23 de junio, ECLI:ES:TS:2020:2070**).

> **CUESTIÓN**
>
> **¿Cuál es la legítima que la preterición intencional de un hijo o descendiente no se puede perjudicar, la corta o la estricta?**
>
> De acuerdo con las **sentencias del Tribunal Supremo n.º 981/2004, de 7 de octubre, ECLI:ES:TS:2004:6286** y la **n.º 613/2010, de 8 de octubre, ECLI:ES:TS:2010:5363**, la pauta para interpretar cual es la legítima que la preterición intencional del hijo o descendiente no se puede perjudicar, debe estarse a las facultades de disposición testamentarias del padre. Es por esta razón, frente a los demás legitimarios, el preterido tiene derecho a la legítima estricta, pero frente a los extraños, frente a quienes no sean legitimarios, sus derechos son de dos tercios.

En cambio, **si la preterición no es intencional**, resultando preteridos todos los legitimarios, se anularán las disposiciones testamentarias de contenido patrimonial, quedando a salvo cualesquiera otras de contenido no patrimonial (reconocimiento de hijos no matrimoniales, nombramientos de tutor, curadores, etc.). Si la preterición alcanza solo a alguno de los hijos o descendientes se anula la institución de heredero, pero se mantienen las mandas y legados ordenados por el testador salvo que también estas resulten inoficiosas.

Concluye la **sentencia de la Audiencia Provincial de Alicante n.º 384/2013, de 6 de noviembre, ECLI:ES:APA:2013:4950**:

> «Para la correcta aplicación del artículo 814 es imprescindible precisar si la preterición de los hijos o descendientes ha sido o no intencional. Pero no existe precepto alguno que, en ausencia de prueba concluyente de que el testador tuvo o no voluntad de preterir, haga prevalecer la intencionalidad o la no intencionalidad de preterir, ante lo cual, si tenemos en cuenta que la preterición no intencional tiene efectos más devastadores para el testamento que la intencional, que las personas físicas son seres conscientes, libres y responsables por lo que cuando omiten a un heredero forzoso en su testamento es porque nada han querido dejarle, y la regla procesal de distribución de la carga de la prueba que se desprende del artículo

217 de la Ley de Enjuiciamiento Civil , concluye la Audiencia que será la parte demandante, hijo o descendiente del causante, como legitimario preterido, al que incumbe la carga de la prueba de que su preterición fue o no intencional y, si no logra acreditarlo, debe partirse de una preterición intencional. Pero en el bien entendimiento de que, en aquellos casos de nacimiento posterior al testamento, llegar a ser legitimario después del testamento y supervivencia de hijo que se creía fallecido, basta con probar en sí esos hechos para sin más calificar de no intencional la preterición, salvo que ello se desvirtúe con la prueba de la parte contraria».

¿Dónde se regula la desheredación en el Código Civil?

La **desheredación** se regula en los **artículos 848** a **857 del Código Civil**, integrantes de la sección 9.ª del capítulo II del título I del libro III de la norma.

El **artículo 848 del Código Civil** dispone que la desheredación solo podrá tener lugar por alguna de las causas que expresamente señala la ley, mientras que el **artículo 849 del Código Civil** establece que solo podrá hacerse en testamento, expresando en él la causa legal en que se funde. La carga de la prueba, tal y como indica el **artículo 850 del Código Civil**, en caso de que el desheredado la negase, recae sobre los herederos del testador.

La desheredación hecha sin expresión de causa o por causa cuya certeza, si fuere contradicha, no se probare, o que no sea una de las señaladas en los **artículos 852** a **855 del Código Civil**, anulará la institución de heredero en cuanto perjudique al desheredado; pero valdrán los legados, mejoras y demás disposiciones testamentarias en lo que no perjudiquen a dicha legítima (**artículo 851 del Código Civil**).

En resumen, el diseño legal de la legítima es configurada como un derecho del que solo puede privarse al legitimario de manera excepcional concurra alguna causa de desheredación y el testador debe expresar la causa, y al legitimario le basta negar su veracidad para que se desplace la carga de la prueba al heredero (**sentencia del Tribunal Supremo n.º 401/2018, de 27 de junio, ECLI:ES:TS:2018:2492**).

Por lo que respecta a las **justas causas** para desheredar, habrá que estar a lo que sigue:

- Serán justas causas para desheredar a los hijos y descendientes, además de las contempladas en los números 2, 3, 5 y 6 del artículo 756 del Código Civil (artículo 853 del Código Civil):
  - Haber negado, sin motivo legítimo, alimentos al progenitor o ascendiente que le deshereda.
  - Haberle maltratado de obra o injuriado gravemente de palabra.
- Serán justas causas para desheredar a los progenitores y ascendientes legítimos (artículo 854 del Código Civil):
  - Las previstas en los apartados 1, 2, 3, 5 y 6 del **artículo 756 del Código Civil**.
  - Pérdida de la patria potestad por las causas citadas en el **artículo 170 del Código Civil**.

– Haber negado los alimentos a sus hijos o descendientes sin motivo legítimo.

– Haber atentado uno de los progenitores contra la vida del otro, si no hubiere mediado reconciliación entre ellos.

• Serán justas causas para desheredar al cónyuge (artículo 855 del Código Civil):

– Las previstas en los apartados 2, 3, 5 y 6 del **artículo 756 del Código Civil.**

– Incumplimiento grave o reiterado de los deberes conyugales.

– Las causas citadas en el **artículo 170 del Código Civil** que dan lugar a la pérdida de la patria potestad.

– Negación de alimentos a los hijos o al otro cónyuge.

– Haber atentado contra la vida del cónyuge testador, si no hubiere mediado reconciliación.

Como dispone el **artículo 852 del Código Civil** son justas causas para la desheredación, en los términos que específicamente determinan los artículos anteriormente analizados, las de incapacidad por indignidad para suceder, señaladas en los apdos. 1.º, 2.º, 3.º, 5.º y 6.º, del **artículo 756 del Código Civil**.

Tal y como determina el **artículo 856 del Código Civil**, la reconciliación posterior del ofensor y del ofendido priva a este último del derecho de desheredar, y deja sin efecto la desheredación ya hecha.

Los hijos o descendientes del desheredado ocuparán su lugar y conservarán los derechos de herederos forzosos respecto a la legítima, así lo establece el **artículo 857 del Código Civil.**

3.1. La figura de la desheredación en el Código Civil

La figura de la desheredación en el Código Civil

La **desheredación,** que encuentra su regulación en los **artículos 848 a 857 del Código Civil**, integrantes de la sección 9.ª del capítulo II del título I del libro III de la norma, es la disposición testamentaria por la que el testador priva a uno o varios legitimarios de tal condición y, por consiguiente, de su parte de la legítima con arreglo a las causas establecidas taxativamente en la ley para la desheredación.

De acuerdo con el Código Civil **ésta solo podrá tener lugar por alguna de las causas que expresamente señale la ley (artículo 848 del CC).** La desheredación requiere que se le atribuya al desheredado una acción u omisión que la ley tipifique como bastante para privarle de la legítima, y que **haya ocurrido antes de que se otorgue el testamento.**

A TENER EN CUENTA. La voluntad del testador para desheredar ha de tenerse conforme a las circunstancias existentes al tiempo del otorgamiento del testamento.

Asimismo, hay que diferenciar entre **desheredación e indignidad**, ya que son dos conceptos distintos. **La desheredación** puede basarse en alguna de las causas de indignidad susceptibles de producir este efecto, sin embargo, **la indignidad constituye por sí un motivo de incapacidad relativa para suceder**, haya o no desheredación, de no mediar la remisión expresa o tácita a que alude el **artículo 757 del CC**. Así lo argumenta el **Tribunal Supremo en su sentencia de 7 de marzo de 1980. ECLI:ES:TS:1980:5.**

Capacidad y legitimación para desheredación

Es requisito esencial para la desheredación el hacerla en testamento, por lo que, **quien tenga capacidad para testar también tendrá capacidad para desheredar**.

3.2. Formas y requisitos de la desheredación

¿Cuál es la forma y los requisitos de la desheredación según el Código Civil?

De acuerdo con el **artículo 849 del CC**, la desheredación **únicamente podrá hacerse en testamento**, expresando la causa legal en que se funde.

Los **requisitos** para poder desheredar son los siguientes:

- Hacerse en testamento.
- Solo se puede desheredar a los herederos forzosos contemplados en el artículo 807 del CC.
- El desheredado habrá que designarlo con claridad.
- Expresar la causa legal en que se funde la desheredación.
- La prueba que se aporte para la desheredación debe ser cierta (corresponderá probar que la causa es cierta a los herederos del testador si el desheredado lo negare).

CUESTIÓN

¿Es necesario que el testador explique las razones que motiven su voluntad de desheredar?

No, el **artículo 849 del CC** únicamente establece que se identifique a quien se deshereda, hacerlo en testamento y exponer la causa legal por la que se deshereda, sin que la norma exija explicar las razones que motivan tal decisión del testador. Sobre este particular cabe mencionar la **sentencia del Tribunal Supremo**

> n.º 881/2003, de 25 de septiembre, ECLI:ES:TS:2003:5714, que reza: *«(...) la desheredada resulta perfectamente identificada, sin que sea preciso relatar y menos detallar los hechos que provocan la desheredación, presentándose la voluntad de desheredar como decidida y suficientemente patente, lo que aquí sucede».*

Es decir, **la legitima es configurada como un derecho del que solo puede privarse al legitimario de manera excepcional** cuando concurra causa de desheredación. **El testador debe expresar la causa y al legitimario le basta negar su veracidad** para que se desplace la carga de la prueba al heredero (**sentencia del Tribunal Supremo n.º 401/2018, de 27 de junio, ECLI:ES:TS:2018:2492**).

Sobre este último punto se ha pronunciado **nuestro Alto Tribunal en la sentencia de 31 de octubre de 1995, ECLI:ES:TS:1995:8001**, al aclarar lo siguiente:

> «(...) Cierto que el desheredado tiene acción para probar que no es cierta la causa de su desheredación, **que la prueba de lo contrario corresponde a los herederos del testador** (art. 850 CC), pero esta ventaja es de índole procesal y más concretamente de naturaleza probatoria. **No significa que hasta que el desheredado niegue la certeza de la causa para que se produzca una vacante en la titularidad de la cuota de legítima estricta de la que ha sido privado por el testador, de manera que haya de esperar al resultado del proceso para la atribución.** Por el contrario, son los hijos del desheredado los que tienen la cualidad de legitimarios (que correspondía al padre y que perdió por la desheredación), por lo que en aquel proceso ostentan indiscutiblemente la posición de parte demandada (junto a los demás herederos, en su caso) y la sentencia les afectará de modo directo e inmediato, pues si es favorable al desheredado perderán su condición de legitimarios y su derecho a la herencia. Otra cosa distinta es que ya personados como partes en el proceso en que se ventila la causa de desheredación, pueden allanarse a las pretensiones del actor, lo que, por supuesto es lícito. Pero, se repite, es esencial para la válida y eficaz constitución de la relación jurídico-procesal su presencia como partes procesales y como interesados directísimos, sin que sea argumento contrario para mantener la innecesariedad la extensión de los efectos de la cosa juzgada a los sucesores (art. 1.252, párr. 3.º), porque en este proceso el derecho del actor es distinto y contrapuesto por esencia al de sus hijos; el resultado de la sentencia expulsará a éstos la sucesión en la legítima e introducirá a aquél o viceversa».

Para los casos en los que no se expresen las causas de desheredación, la causa que se expresa no sea una causa legal de desheredación o la certeza de la misma quede contradicha, **se anulará la institución de heredero en cuanto perjudique el desheredado,** sin embargo, valdrán los legados, mejoras y demás disposiciones testamentarias en lo que no perjudiquen a dicha legítima.

Por lo que, **si la desheredación no cumple los requisitos dispuestos en el Código Civil, el legitimario desheredado podrá recibir la legitima que legalmente le corresponda.**

3.3. Causas de desheredación

¿Cuáles son las causas de desheredación?

Las justas causas para la desheredación se encuentran reguladas en el Código Civil en los **artículos 852** a **855 del CC.**

Sin perjuicio de un estudio pormenorizado en los siguientes temas, las **causas genéricas** para desheredar son las establecidas en el **artículo 756 del CC en sus ordinales 1.º, 2.º, 3.º, 5.º y 6.º:**

- El que fuera **condenado por sentencia firme por haber atentado contra la vida,** o a pena grave por haber causado lesiones o **por haber ejercido habitualmente violencia física o psíquica** en el ámbito familiar al causante, su cónyuge, persona a la que esté unida por análoga relación de afectividad o alguno de sus descendientes o ascendientes.

- El que fuera condenado por sentencia firme por **delitos contra la libertad, la integridad moral y la libertad e indemnidad sexual,** si el ofendido es el causante, su cónyuge, la persona a la que esté unida por análoga relación de afectividad o alguno de sus descendientes o ascendientes.

Asimismo, el condenado por sentencia firme a pena grave por haber cometido un delito contra los derechos y deberes familiares respecto de la herencia de la persona agraviada.

También el **privado por resolución firme de la patria potestad, o removido del ejercicio de la tutela o acogimiento familiar de un menor o del ejercicio de la curatela de una persona con discapacidad** por causa que le sea imputable, respecto de la herencia del mismo.

El que hubiese acusado al causante de delito para el que la ley señala **pena grave,** si es **condenado por denuncia falsa.**

El que, con amenaza, fraude o violencia, obligare al testador a hacer testamento o a cambiarlo.

El que por iguales medios **impidiere a otro hacer testamento, o revocar el que tuviese hecho, o suplantare, ocultare o alterare otro posterior.**

> **CUESTIÓN**
>
> **¿Cuándo prescribe la acción para declarar la indignidad?**
>
> La acción para declarar la indignidad prescribe a los **cinco años desde que el indigno posea la herencia o legado.** Para contar el inicio del plazo es discutible si el indigno goza de la posesión civilísima del **artículo 440 del CC,** aunque parece que no, pues esta tiende a proteger la buena fe y parte de una aceptación totalmente eficaz, y en el caso del indigno no ocurre así.
>
> Si la indignidad es declarada total se debe restituir la herencia con efectos retroactivos (**artículo 760 del CC**). La capacidad del indigno se cuenta (**artículo 758 del CC**) con arreglo al tiempo de la muerte del causante; si hay condición, se esperará a que se cumpla, y en los casos segundo y tercero del **artículo 756 del CC** se esperará a la sentencia firme, y en el número cuarto al mes señalado para la denuncia.

Las **causas específicas** de desheredación se prevén en los siguientes preceptos del CC:

- Hijos y descendientes: artículo 853 del CC.
- Progenitores y ascendientes: artículo 854 del CC.
- Cónyuge: artículo 855 del CC.

CUESTIÓN

¿Cuáles son las diferencias entre desheredación e indignidad?

La desheredación se refiere a la legítima, es decir, privar a los legitimarios de su derecho a la legítima y la desheredación solo se puede hacer a través de testamento. La indignad priva de los derechos sucesorios, tanto a los legitimarios como a los que no sean legitimarios y no es indispensable que sea en testamento. Las causas de indignidad están tasadas en el **artículo 756 del CC** y las de desheredación en los **artículos 848 a 857 del CC**.

3.3.1. Causas de desheredación de hijos y descendientes

¿Cuáles son las causas de desheredación de hijos y descendientes?

Serán **justas causas para desheredar a los hijos y descendientes**, además de las señaladas en el a**rtículo 756 del CC**, números 2.º, 3.º, 5.º y 6.º, las siguientes:

1. Haber **negado**, sin motivo legítimo, **los alimentos al progenitor o ascendiente que le deshereda**.
2. Haberle **maltratado de obra o injuriado gravemente de palabra**.

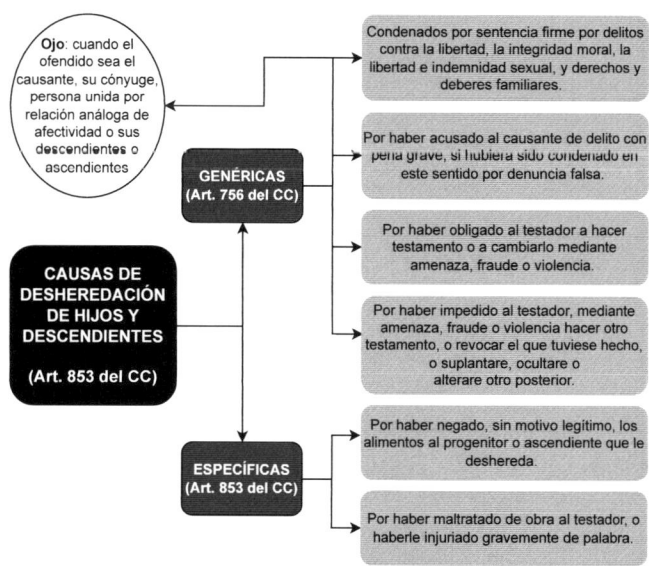

Negativa injustificada a prestar alimentos

El **artículo 142 del CC** define lo que debemos entender por alimentos:

*«Se entiende por alimentos **todo lo que es indispensable para el sustento, habitación, vestido y asistencia médica»**.*

Para que la negativa a prestar alimentos sea injustificada deben darse una serie de **requisitos**:

- **Necesidad** de alimentos.
- El descendiente tenga **capacidad** suficiente para poder prestar los alimentos.
- **Reclamación** por parte del ascendiente de alimentos.
- **Negación** de alimentos por parte del descendiente.

CUESTIONES

1. ¿En qué momento debe surgir la necesidad de alimentos?

Con respecto al momento en el que debe surgir la necesidad de alimentos, hay posturas contrapuestas, así, la **Audiencia Provincial de Vizcaya en su sentencia n.º 226/2014, de 28 de marzo, ECLI:ES:APBI:2014:958**, señala que, la necesidad de alimentos debe concurrir cuando se otorga el testamento en el que se produce la desheredación, pues en otro caso la desheredación sería condicional. En un sentido contrario se pronuncia la **Audiencia Provincial de Cáceres en su sentencia, n.º 379/2016, de 11 de octubre, ECLI:ES:APCC:2016:620**, en este caso, se declara la improcedencia de la desheredación porque no se puede acreditar una situación de necesidad anterior al otorgamiento del testamento, sino que esa necesidad de alimentos surge con posterioridad al otorgamiento.

2. ¿Resulta imprescindible que exista una reclamación extrajudicial, o basta con que la situación de necesidad sea suficientemente conocida por el descendiente?

En este caso mayoritariamente se exige la existencia de la reclamación extrajudicial, así, por ejemplo, la **Audiencia Provincial de Santa Cruz de Tenerife en su sentencia, n.º 113/2016, de 23 de marzo. ECLI:ES:APTF:2016:457**, argumenta que la negativa de prestación de alimentos por partes de los hijos no puede acreditarse al no probarse que el alimentista haya solicitado los alimentos, por lo que no se dan los requisitos para la desheredación. Sin embargo, la **Audiencia Provincial de Asturias en su sentencia, n.º 92/2007, de 12 de marzo. ECLI:ES:APO:2007:2355**, entiende probada la negativa de prestar alimentos, ya que, el descendiente conocía la situación en la que se encontraba el ascendiente, aunque no exista reclamación previa.

La obligación de alimentos, de acuerdo con la jurisprudencia y doctrina mayoritaria, no comprende dar cariño, compañía o interés personal, sí que abarca en casos de que el necesitado no pueda cubrirlas por sí mismo, **el soporte o cobertura de las necesidades materiales (económicas o de dedicación)**, precisas por ejemplo para procurar la movilidad mínima del causante, su aseo, alimento y atención médica; **bien se lleve a cabo personalmente por el propio obligado descendiente, o bien por un tercero por encargo del descendiente o bien por la asignación económica** (sentencia de la Audiencia Provincial de Albacete, n.º 102/2016, de 4 de marzo, ECLI:ES:APAB:2016:197).

Asimismo, **no es preciso que los alimentos se hayan reclamado judicialmente**, siendo suficiente que la negativa de alimentos se acredite por cualquiera de los medios dispuestos en el ya mencionado **artículo 850 del CC**, como **tampoco resulta necesario para que concurra la causa referida el que el ascendiente se haya quedado materialmente sin alimentos, si otra persona se los hubiera prestado**. También opera como causa de desheredación si judicialmente se decreta la obligación de prestar alimentos si con anterioridad fueron negados (**sentencia de la Audiencia Provincial de Ourense, n.º 121/2008, de 4 de abril. ECLI:ES:APOU:2008:183**).

Es decir, lo determinante es que exista una negativa injustificada de prestar alimentos, por lo que **la causa de desheredación existirá independientemente de que el ascendiente haya estado asistido económicamente por un tercero**.

Asimismo, de acuerdo con el **artículo 152 del CC, la obligación de prestar alimentos cesará:**

- Por **muerte** del alimentista.
- Cuando **la fortuna del obligado a dar alimentos se hubiere reducido hasta el punto de no poder satisfacerlos** sin desatender sus propias necesidades y las de su familia.
- **Cuando el alimentista pueda ejercer un oficio, profesión o industria,** o haya adquirido un destino o mejorado de fortuna, de suerte que no le sea necesaria la pensión alimenticia para su subsistencia.
- Cuando **el alimentista**, sea o no heredero forzoso, **hubiera cometido alguna falta que dé lugar a la desheredación**.
- Cuando el **alimentista, sea descendiente del obligado a dar alimentos,** y la necesidad de aquel provenga de mala conducta o de falta de aplicación al trabajo, mientras subsista la causa.

Por lo tanto, si se da alguno de los anteriores requisitos, la negativa a prestar alimentos estará justificada y en consecuencia no habrá justa causa de desheredación.

Por otro lado, de acuerdo con el **artículo 149 del CC el obligado a prestar alimentos podrá, a su elección, satisfacerlos, o pagando la pensión que se fije, o recibiendo y manteniendo en su propia casa al que tiene derecho a ellos**. Esta elección no será posible en cuanto contradiga la situación de convivencia determinada para el alimentista por las normas aplicables o por resolución judicial. También podrá ser rechazada cuando concurra justa causa o perjudique el interés del alimentista menor de edad. **Recibir en el propio domicilio al alimentista será siempre a elección del alimentante**, en este sentido se pronuncia la **Audiencia Provincial de Madrid, en su sentencia n.º 49/2007, de 26 de enero, ECLI:ES:APM:2007:1518.**

En definitiva, **la negativa de alimentos no debe entenderse de forma amplia**, pues ello va en contra de la aplicación restrictiva con la que ha de aplicarse la desheredación y las causas legales en que se fundamenta, ya que **no es suficiente alegar de forma general para justificar la negativa de alimentos el abandono**, sino que ha de concretarse a una situación específica de obligación de prestar alimentos. Como ya se ha señalado, la obligación de cumplir con los alimentos exige una situación de necesidad, un requerimiento o petición a los herederos legitimarios y una negativa de forma injustificada a prestar alimentos.

Maltrato de obra y las injurias graves

De acuerdo con el **artículo 853.2.º del CC** dispone como justa causa para desheredar a hijos o descendientes:

- Maltrato de obra.
- Injurias graves de palabra.

|| a) Maltrato de obra

El maltrato de obra significa **tratar mal a alguien mediante acciones u omisiones**. Se suele usar para expresar una de las acciones típicas de los delitos de malos tratos y de lesiones en el ámbito familiar, junto con la de golpear.

La interpretación del maltrato de obra con respeto a la desheredación ha sufrido diversos cambios doctrinales, en el sentido de que si dentro de dicho maltrato puede estar incluido el maltrato psicológico como justa causa de desheredación.

El Tribunal Supremo a partir de su **sentencia n.º 258/2014, de 3 de junio, ECLI:ES:TS:2014:2484,** ha establecido que **el maltrato psicológico a los progenitores es justa causa para desheredar a los hijos**. La Sala de lo Civil confirma la desheredación de los hijos que incurrieron en un maltrato psíquico y reiterado contra su progenitor, *«(...) del todo incompatible con los derechos elementales de respeto y consideración que se derivan de la relación jurídica de filiación, con una conducta de menosprecio y de abandono familiar, que quedó evidenciada en los últimos siete años de vida del causante (...)».*

Asimismo, nuestro Alto Tribunal, posteriormente en su **sentencia n.º 59/2015, de 30 de enero, ECLI:ES:TS:2015:565,** se reafirma en que el **maltrato psicológico** se debe considerar **como justa causa de desheredación**.

El Tribunal Supremo subraya el menosprecio y abandono familiar de los hijos hacia su padre en sus siete últimos años de vida que, ya enfermo quedó al amparo de una hermana, y por quien no se interesaron ni tuvieron contacto alguno, situación que cambió tras su muerte *«a los solos efectos de demandar sus derechos hereditario».*

De acuerdo con la **sentencia del Tribunal Supremo n.º 267/2019, de 13 de mayo, ECLI:ES:TS:2019:1523,** el maltrato psicológico se configura como una injustificada actuación del heredero que determina un menoscabo o lesión en la salud mental del testador o testadora, de forma que debe considerarse comprendida en la expresión que encierra el maltrato de obra del referido **artículo 853.2.º del CC**.

Sin embargo, tanto el TS como la jurisprudencia menor de las audiencias no entienden que el abandono entre dentro del concepto de maltrato psicológico, así la **sentencia de la Audiencia Provincial de Valencia n.º 46/2021, de 2 de febrero, ECLI:ES:APV:2021:84**, define como **abandono emocional** como la expresión de la libre ruptura de un vínculo afectivo o sentimental, y en consecuencia pertenece al mundo de los sentimientos y de las emociones, difícilmente medibles, **pero en modo alguno implica un maltrato psicológico**.

> **CUESTIÓN**
>
> **¿Dónde está el límite para que la falta de relación o el abandono sea una causa legítima de desheredación?**
>
> *Para responder a la anterior cuestión es muy ilustrativa la sentencia del Tribunal Supremo n.º 419/2022, de 24 de mayo, ECLI:ES:TS:2022:2068, en la que la recurrente en su recurso de casación denuncia la infracción del artículo 853.2.º del CC, ya que la sentencia recurrida ha interpretado que en el referido precepto no incluye la falta de relación y distanciamiento familiar dentro del maltrato psicológico constitutivo de maltrato de obra.*
>
> *Por su parte el TS entiende que, «(...) una falta de relación continuada e imputable al desheredado, ponderando las circunstancias del caso, podría ser valorada como causante de unos daños psicológicos y, en consecuencia, podría encuadrarse en una de las causas de privación de la legítima establecidas por el legislador. Sin embargo, la aplicación del sistema vigente no permite configurar por vía interpretativa una nueva causa autónoma de desheredación basada exclusivamente, sin más requisitos, en la indiferencia y en la falta de relación familiar, puesto que el legislador no la contempla. Lo contrario, en la práctica, equivaldría a dejar en manos del testador la exigibilidad de la legítima, privando de ella a los legitimarios con los que hubiera perdido la relación con independencia del origen y los motivos de esa situación y de la influencia que la misma hubiera provocado en la salud física o psicológica del causante».*

Así, la sentencia se adecúa al principio contenido en el **artículo 3.1 del CC**:

> «1. Las normas se interpretarán según el sentido propio de sus palabras, en relación con el contexto, los antecedentes históricos y legislativos, y la realidad social del tiempo en que han de ser aplicadas, atendiendo fundamentalmente al espíritu y finalidad de aquellas».

Por tanto, por la aplicación analógica del **artículo 853.2.º del CC** y de acuerdo con la doctrina y jurisprudencia más reciente, **el maltrato psicológico se considera una justa causa de desheredación**, aunque dicha causa no se encuentre regulada expresamente en nuestro Código Civil, pero tal abandono no debe ser confundido con el maltrato psíquico.

La **Audiencia Provincial de Córdoba a través de su sentencia n.º 582/2017, de 16 de octubre, ECLI:ES:APCO:2017:693**, argumenta que, ante una situación de ausencia y falta de roce familiar, sin que pueda apreciarse una conducta activa (más allá del mero distanciamiento) no puede justificarse que nos encontramos ante una situación de maltrato psicológico, equiparable al maltrato físico contemplado en el **artículo 853 del CC** para erigirse en causa de desheredación.

Si bien, tal y como expone la reciente **sentencia del Tribunal Supremo n.º 802/2024, de 5 de junio, ECLI:ES:TS:2024:3300**, no toda falta de relación afectiva o trato familiar puede ser enmarcada, por vía interpretativa, en las causas de desheredación establecidas de modo tasado por el Código Civil. Es necesario ponderar y valorar si, en atención a las circunstancias del caso, el distanciamiento y la falta de relación son imputables a los legitimarios y además que esa falta de relación haya causado un menoscabo físico o psíquico al testador con entidad bastante como para poder reconducirlos a la cauda legal de maltrato de obra.

Es decir, de acuerdo con la jurisprudencia **no se puede prescindir ni de la existencia de un daño ni de a quien le sea imputable la falta de trato**.

Así, a tenor de lo señalado en los párrafos anteriores el TS llega a la siguiente conclusión:

> «En el caso que juzgamos, el causante hace constar en el testamento como causa de desheredación de la hija, al amparo del art. 853.2.ª CC, «que desde que se produjo su divorcio, es decir, hace más de treinta años, no tiene relación alguna con su citada hija, por lo que considera que existe una clara situación de abandono hacia el testador, por parte de la misma". Y añade que "en consecuencia, el testador considera que ha habido un maltrato psicológico por parte de su citada hija, lo que determina una falta de afecto y cariño que como hija le corresponden, habiéndose dado una clara situación de abandono, e incluso, no estar atendido en estos momentos en los que se encuentra gravemente enfermo, siendo del conocimiento de la citada hija el estado en que se encuentra".
>
> La sentencia de apelación, confirmando la de primera instancia, asume lo manifestado por el causante en el testamento, y reprocha a la demandante, ahora recurrente, la falta de relación con el padre durante más de treinta años y el que, después de esa situación, una vez conocida su enfermedad, no lo visitara. Este tribunal, a la vista de los hechos acreditados en la instancia, no puede compartir semejante valoración
>
> En este caso, no es la hija la que libremente rompió un vínculo afectivo o sentimental, sino que tal vínculo no ha existido desde su niñez, sin que sea reprochable a la hija, que tenía siete años cuando se produjo la separación de los progenitores, la ausencia de contacto y relación con el padre. Si tal relación no se dio a partir de la separación matrimonial realmente la que fue abandonada por el padre fue la niña, que ha desarrollado toda su vida, incluidas las etapas cruciales para la crianza y formación personal de la infancia y la adolescencia, sin contar con la presencia de un padre que cumpliera todos los deberes, incluidos los afectivos, propios de la relación paternofilial.
>
> Resulta sorprendente este razonamiento cuando no solo no consta que el padre realizara el más mínimo esfuerzo o intento para, a partir de la mayoría de edad de la hija, iniciar una relación paternofilial inexistente con su hija, que fue de hecho quien resultó abandonada por el padre, sino que incluso, por el contrario, consta expresamente que tampoco sentía ni quería sentir a la hija como propia, tal como resulta de los testamentos otorgados por el padre años antes de que se le diagnosticara la enfermedad por la que finalmente falleció, y en los que expresó que no tenía hijos. Las declaraciones de los testigos en el sentido de que cuando falleció el causante se sorprendieron de que tuviera una hija confirman que era él quien no la te-

nía presente en su vida ni parece que la quisiera tener, pues así resulta del hecho de que no manifestara su existencia a sus conocidos y amistades.

Así las cosas, tampoco compartimos la valoración de la sentencia recurrida cuando, con apoyo en una sentencia de otra Audiencia Provincial (que, por lo demás, no se basa en los mismos hechos), considera que la actuación de la hija al conocer la enfermedad del padre y no subir a visitarlo justifica su desheredación.

En atención a las circunstancias referidas no podemos aceptar que el daño o sufrimiento que ello pudiera reportar al padre por estar próximo al fallecimiento sea imputable a un comportamiento reprobable e injustificado de la hija. No es la hija quien, rompiendo normales y exigibles normas de comportamiento abandona al padre enfermo (quien, por otra parte, no precisaba ayuda para su cuidado), sino que es el padre quien, tras haber abandonado a la hija siendo una niña, pretende hacer recaer sobre ella el reproche y las consecuencias de que no sintiera afecto por él, pese a haberla abandonado siendo una niña».

|| b) Injurias graves de palabra

De acuerdo con el **artículo 853.2.º del CC** es justa causa de desheredación a hijos y descendientes haber injuriado gravemente de palabra. Por injurias graves debemos entender la manifestación de opiniones que atenten contra la dignidad y el honor de una persona, menoscabando su fama o atentando contra su propia estimación.

En cuanto al concepto de noción de injuria grave a la que se refiere el **artículo 853.2.º del CC**, de acuerdo con la jurisprudencia mayoritaria, debe ser interpretada de modo restrictivo, debiendo ser examinada con cautela y un criterio razonable. Debería tenerse en cuenta el ambiente y tono general de la familia, la conducta filial en general y el signo de cultura social en el momento en que se produzca la ofensa.

Asimismo, no se suele exigir que se haya producido previamente una sentencia penal para poder alegar como justa causa las injurias graves por parte de los hijos o descendientes.

Por lo que, tal y como se pronuncia la **Audiencia Provincial de Lugo, en su sentencia n.º 636/2010, de 14 de diciembre. ECLI:ES:APLU:2010:776,** el concepto de injurias a que se refiere el precitado **artículo 853.2.º del CC está ligado a la publicidad y repercusión de las injurias graves fuera del ámbito familiar.**

Otro aspecto que debemos tener en cuenta es como valorar si las injurias proferidas son graves o son leves, en este sentido se pronuncia la Audiencia Provincial de Salamanca, en su **sentencia n.º 410/2013, de 19 de diciembre. ECLI:ES:APSA:2013:706,** que argumenta en el siguiente sentido, *«(...) la diferencia entre la gravedad y la levedad de las injurias es esencialmente circunstancial, correspondiendo al ponderado criterio judicial trazar la línea delimitadora atendiendo no solo al contenido más o menos infame de las expresiones proferidas, sino también, a las circunstancias de personas, de tiempo, de lugar, de ocasión, etc., esto es; ponderando las condiciones perso-*

nales de los sujetos, el ambiente, su cultura, los antecedentes, las relaciones de confianza, el modo de ejecución, la trascendencia lograda, para hacer, en definitiva, un juicio axiológico judicial que permita determinar, casuística y relativamente, el contenido de la injuria en si misma...».

CUESTIÓN

¿Para que las injurias graves se puedan alegar como justa causa de desheredación, deben ser siempre de palabra o caben las injurias hechas por escrito?

En este sentido la jurisprudencia viene interpretando que se pueden incluir en la justa causa de desheredación tanto las injurias hechas de palabra como por escrito, por ejemplo, la **sentencia de la Audiencia Provincial de Valencia n.º 457/2004, de 10 de septiembre. ECLI:ES:APV:2004:3796.**

Asimismo, **las personas menores de edad y las personas con diversidad funcional no podrán ser desheredadas**, pues el descendiente que incurre objetivamente en causa de desheredación debe reunir suficientes condiciones mentales para poder ser considerado responsable de sus propios actos y que la conducta haya sido realizada con lucidez, no basta con la realización objetiva de la conducta, en este sentido argumenta la **Audiencia Provincial de Barcelona, en su sentencia n.º 267/2014, de 22 de abril. ECLI:ES:APB:2014:3706.**

RESOLUCIÓN RELEVANTE

Resolución de 15 de enero de 2024, de la Dirección General de Seguridad Jurídica y Fe Pública, en el recurso interpuesto contra la calificación de la registradora de la propiedad de Málaga n.º 13, por la que se suspende la inscripción de una escritura de aceptación y adjudicación de herencia

Se establece que por debajo de un determinado límite de edad debe partirse de su inimputabilidad a falta del correspondiente pronunciamiento judicial sobre las condiciones de madurez del menor que le hagan apto para ser sujeto pasivo de la desheredación. La resolución señala ese límite de edad en los 14 años que esa la edad exigida para otorgar testamento, así como la establecida como límite mínimo para la exigencia de la responsabilidad sancionadora conforme a la Ley Orgánica 5/2000, de 12 de enero.

El objeto de controversia es la inscripción de una escritura de aceptación y adjudicación de herencia en la que se desereda a menores. La registradora rechaza la inscripción argumentando que los menores desheredados carecen de la capacidad necesaria para que les sea imputable la conducta que justifica la desheredación, basándose en el artículo 853.2.ª del Código Civil. El notario recurrente sostiene que la registradora no tiene competencia para negar eficacia a un testamento por la desheredación de menores sin una resolución judicial que así lo determine.

La DGSJyFP establece que la desheredación debe basarse en una causa legal y ser expresada en el testamento. Además, la certeza de la causa debe ser probada por los herederos si es negada por los desheredados. La DGSJyFP también señala que los menores deben tener la aptitud para ser desheredados, lo que implica un mínimo de madurez física y mental.

En el caso analizado, los menores desheredados tenían ocho y trece años, respectivamente, al momento del testamento. La DGSJyFP concluye que, por debajo de los catorce años, se debe partir de la inimputabilidad de los menores para la desheredación, a menos que exista un pronunciamiento judicial que determine su madurez. Por tanto, se confirma la calificación de la registradora y se desestima el recurso interpuesto por el notario.

En definitiva, para que las injurias sean consideradas graves y puedan ser entendidas como justa causa de desheredación, según la jurisprudencia mayoritaria, deberán concurrir los siguientes supuestos:

- **No es necesario que las injurias hayan dado lugar a condena penal.**
- Son válidas **tanto las injurias hechas de palabra como por escrito.**
- Que **exista por parte del descendiente** un propósito claro de injuriar *animus iniuriandi.*

Con respecto a la prueba de las injurias, no suele ser tarea fácil, en el sentido de que suelen ser sucesos que acostumbran a quedarse dentro del núcleo familiar, por lo que, si las injurias no trascienden del núcleo íntimo familiar directo, estaremos ante episodios relativamente ordinarios de los enfados familiares para los cuales la desheredación se considera desproporcionada.

Por lo que, en los casos en los que las injurias se den en un entorno íntimo familiar, y si, aun encima, corresponde la carga de la prueba de la realidad de la causa a los herederos, no será lógico considerar acreditada una causa de desheredación solo afirmada por los propios interesados en la sucesión. En este sentido se pronuncia la **sentencia de la Audiencia Provincial de Barcelona, n.° 520/2009, de 21 de octubre. ECLI:ES:APB:2009:10746.**

Ausencia de relación familiar como causa de desheredación

Como ya hemos visto anteriormente desde la **sentencia del Tribunal Supremo n.° 258/2014, de 3 de junio. ECLI:ES:TS:2014:2484,** el maltrato psicológico sí entraría dentro de las justas causas para la desheredación, si bien, con respecto al distanciamiento o alejamiento físico o emocional no puede ser considerado como maltrato psicológico que, reiteramos, jurisprudencialmente, se ha equiparado al maltrato de obra como causa de desheredación.

Así, la **sentencia de la Audiencia Provincial de Córdoba n.° 582/2017, de 16 de octubre. ECLI:ES:APCO:2017:693,** señala que, el *abandono emocional* **no puede ser considerado como causa de desheredación,** exigiéndose un plus de acometimiento físico para apreciar la causa de desheredación, la meritada sentencia reza literalmente:

«(...) la conclusión que cabe extraer es que nos encontramos ante una situación de ausencia y falta de roce familiar, sin que pueda apreciarse una conducta activa (más allá del mero distanciamiento) que pueda justificar que nos encontramos ante una situación de maltrato psicológico, equiparable al maltrato físico contemplado en el artículo 853 del Código Civil para erigirse en causa de desheredación. Debemos tener presente que los derechos legitimarios (cuya desheredación se pretende) aparecen ligados en nuestro ordenamiento jurídico a los lazos de parentesco y no de afectividad. Por ello, al no quedar acreditada la causa de desheredación, procede estimar el recurso de apelación y en consecuencia se declara la nulidad de la estipulación primera del testamento de Dª. Macarena de 30 de agosto de 2013 y se reconocen los derechos a la sucesión en favor de sus tres hijas (...)».

Por otro lado, debemos tener en cuenta que **la causa de desheredación debe de ser imputable exclusivamente al legitimario,** correspondiendo la carga de la prueba a los herederos del testador, por lo que, será muy difícil demostrar que la culpa de esa falta de contacto entre ascendientes y descendientes sea únicamente del legitimario que se pretende desheredar.

En este sentido la **sentencia de la Audiencia Provincial de Barcelona, n.º 371/2017, de 13 de julio. ECLI:ES:APB:2017:5972,** señala que para que se dé la justa causa de desheredación por **ausencia de relación familiar,** debe probar el heredero que existe una ausencia de relación, que **dicha ausencia es manifiesta y continuada en el tiempo y, que lo es por causa exclusivamente imputable al legitimario.**

Por lo cual, para poder alegar esta causa de desheredación, deben de reunirse una serie de requisitos:

- La ausencia de relación debe ser conocida en el entorno de del testador y legitimario, es decir debe de ser una **ausencia de relación familiar manifiesta.**

- La ausencia de relación **continuada en el tiempo** no debe de ser una ausencia de meses sino de varios años. Es decir, si la ausencia es solo durante la última enfermedad del causante, no es, por sí sola, causa de desheredación.

- Como pruebas **han sido consideradas como causas imputables al legitimario, la ausencia al funeral del causante, la falta de comunicación del nacimiento de un hijo, la falta de invitación a una boda.**

Teniendo en cuenta lo expuesto anteriormente, **la interpretación de la ausencia de relación familiar como justa causa de desheredación, es muy restrictiva,** pues, para que los tribunales la consideren como justa causa de desheredación, esta debe ser muy clara, y la mayor parte de las veces dependerá del criterio subjetivo del juez, y en este sentido, los tribunales han venido fallando —en su mayoría— a favor del legitimario.

En este apartado, es interesante traer a colación la **sentencia del Tribunal Supremo n.º 419/2022, de 24 de mayo, ECLI:ES:TS:2022:2068,** en el que establece que **la falta de relación y distanciamiento familiar no es causa que justifique la desheredación.**

En este caso fue la abuela que en su testamento incluyó una cláusula en la que desheredaba a sus dos nietas por haberla maltratado de obra, cláusula que se declaró nula en primera instancia: *«que no ha existido por parte de las actoras maltrato de obra en sentido jurídico estricto hacia su abuela, ni tampoco maltrato psicológico, al no constituir las relaciones familiares distantes o enrarecidas la causa de desheredación segunda del art. 853 CC».*

En el mismo sentido que el juzgado de 1.ª instancia se pronunció al AP, si bien, no impuso las costas en ninguna de las instancias en atención a las dudas de derecho: «*«que pueden plantear la indudable ampliación que ha hecho el Tribunal Supremo de la causa de desheredación del art. 853.2 CC, y porque hay sentencias en la jurisprudencia menor que siguen el criterio de la parte apelante»*».

Por su parte, establece el TS:

> «En el sistema legal vigente no toda falta de relación afectiva o de trato familiar puede ser enmarcada, por vía interpretativa, en las causas de desheredación establecidas de modo tasado por el legislador. Es preciso ponderar y valorar si, en atención a las circunstancias del caso, el distanciamiento y la falta de relación son imputables al legitimario y además han causado un menoscabo físico o psíquico al testador con entidad como para poder reconducirlos a la causa legal del 'maltrato de obra' prevista en el art. 853.2.ª CC.
>
> En el presente caso, a la vista de los hechos probados por la sentencia de apelación, confirmatoria de la del juzgado, resulta que la causante, tras el fallecimiento de su hijo y padre de las actoras, otorgó un testamento notarial por el que las desheredaba, según manifestó, 'por haberla maltratado de obra'. En el testamento la causante añadió expresamente que, para el caso de que por cualquier motivo no se hiciera efectiva la desheredación de las nietas (cabe pensar que por no quedar probada o por llegar a un acuerdo con los herederos), les legaba lo que por legítima estricta les correspondiera.
>
> En la instancia no ha quedado acreditado el maltrato de obra invocado por la testadora ni tampoco un menoscabo psicológico derivado del comportamiento de las nietas. Sí ha quedado acreditada la falta de relación familiar y afecto que, como bien dice la Audiencia, se produce tras una historia previa de desencuentros que determinaron una situación de falta absoluta de relación de las actoras con su padre y con la familia de este. En esa historia es destacable que fuera la misma abuela quien, en 2004, tras la separación de los padres de las actoras, desahuciara judicialmente a la madre y las nietas de la vivienda situada en el camping familiar y que habían venido ocupando desde su nacimiento, lo que no ha sido negado por la recurrente.
>
> Así las cosas, y partiendo de los hechos probados, debemos confirmar la sentencia recurrida.
>
> El legislador sigue manteniendo como límite a la voluntad del causante la necesidad de expresar una 'justa causa' de desheredación para privar de la legítima a los legitimarios. Esta sala ha admitido que los tribunales pueden interpretar con arreglo a la realidad social las causas legales de desheredación. Por ello, como afirmamos en la sentencia 401/2018, de 27 de junio, **una falta de relación continuada e imputable al desheredado, ponderando las circunstancias del caso, podría ser valorada como causante de unos daños psicológicos y, en consecuencia, podría encuadrarse en una de las causas de privación de la legítima establecidas por el legislador. Sin embargo, la aplicación del sistema vigente no permite configurar por vía interpretativa una nueva causa autónoma de desheredación basada exclusivamente, sin más requisitos, en la indiferencia y en la falta de relación familiar, puesto que el legislador no la contempla.** Lo contrario, en la práctica, equivaldría a dejar en manos del testador la

exigibilidad de la legítima, privando de ella a los legitimarios con los que hubiera perdido la relación con independencia del origen y los motivos de esa situación y de la influencia que la misma hubiera provocado en la salud física o psicológica del causante».

3.3.2. Causas de desheredación de padres y ascendientes

De acuerdo con el artículo 854 del Código Civil, se establecen como justas causas de desheredación de progenitores y ascendientes las causas genéricas (establecidas en el artículo 756 (números 1, 2 ,3 ,5 y 6 del Código Civil). Además, el artículo 854 del Código Civil señala como justas causas de desheredación la pérdida de la patria potestad del testador, denegación de alimentos y atentado de uno de los progenitores contra la vida del otro.

¿Cuáles son las causas de desheredación de progenitores y ascendientes?

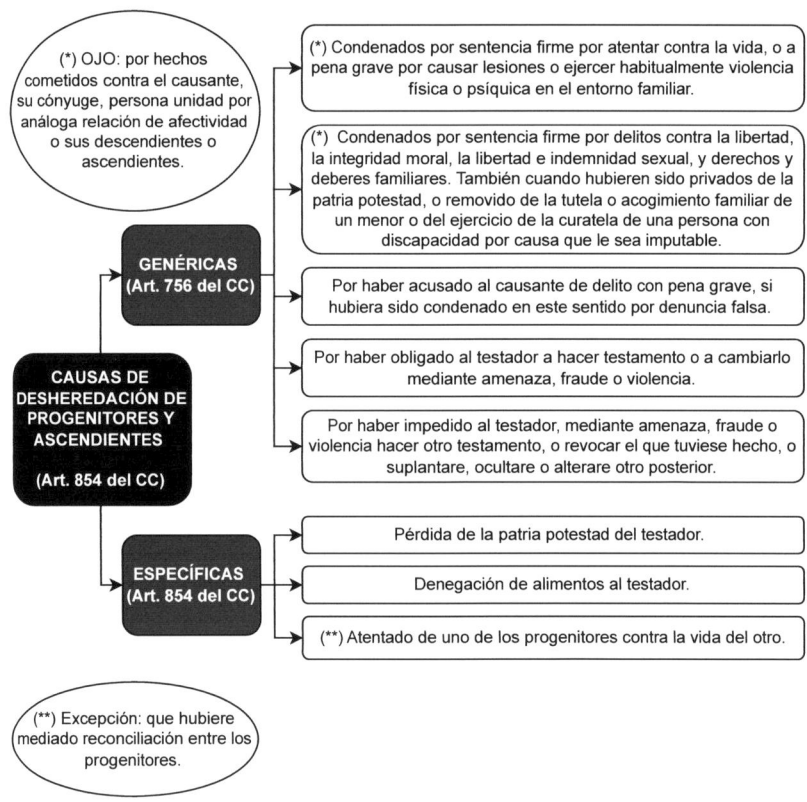

De conformidad con lo dispuesto en el **artículo 854 del Código Civil**, se erigen como justas **causas de desheredación de progenitores y ascendientes las siguientes**:

a) **Causas genéricas:** como hemos visto, las causas genéricas se encuentran establecidas en el **artículo 756 del Código Civil** en sus ordinales 1, 2, 3, 5 y 6. Así pues, y a tenor de la referencia a estas efectuada por el **artículo 854 del Código Civil, determinarán la incapacidad de progenitores y ascendientes para suceder los hechos realizados, en su caso, al causante, su cónyuge, persona a la que esté unida por análoga relación de afectividad o alguno de sus descendientes o ascendientes cuando estos:**

- Hubieren sido condenados por sentencia firme por atentar contra la

- vida, o a pena grave por causar lesiones o ejercer habitualmente violencia física o psíquica en el entorno familiar.

- El que fuera condenado por sentencia firme por delitos contra la libertad, la integridad moral y la libertad e indemnidad sexual, si el ofendido es el causante, su cónyuge, la persona a la que esté unida por análoga relación de afectividad o alguno de sus descendientes o ascendientes. Asimismo, el condenado por sentencia firme a pena grave por haber cometido un delito contra los derechos y deberes familiares respecto de la herencia de la persona agraviada. También el privado por resolución firme de la patria potestad, o removido del ejercicio de la tutela o acogimiento familiar de un menor o del ejercicio de la curatela de una persona con discapacidad por causa que le sea imputable, respecto de la herencia del mismo.

- Hubieren acusado al causante de delito con pena grave, si hubiera sido condenado en este sentido por denuncia falsa.

- Hubieren obligado al testador a hacer testamento o a cambiarlo mediante amenaza, fraude o violencia.

- Hubieren impedido al testador, mediante amenaza, fraude o violencia hacer otro testamento, o revocar el que tuviese hecho, o suplantare, ocultare o alterare otro posterior.

Por tanto, las anteriores **son causas de indignidad para suceder que se convierten en causas de desheredación por remisión expresa del artículo 854 del Código Civil.**

b) **Causas específicas:** además de la remisión a las antedichas causas genéricas, el **artículo 854 del Código Civil** señala como justas causas para desheredar a los padres y ascendientes las siguientes:

1. **Pérdida de la patria potestad del testador**

En primer lugar el **artículo 854 del Código Civil** establece que constituye justa causa para la desheredación de los progenitores y ascendientes haber **perdido la patria potestad del testador** por incumplimiento de los deberes inherentes a la misma o en virtud de causas criminal o matrimonial, de conformidad con lo previsto en el **artículo 170 del Código Civil**, el cual establece que *«Cualquiera de los progenitores podrá ser privado total o parcialmente de su potestad por sentencia fundada en el incumplimiento de los deberes inherentes a la misma o dictada en causa criminal o matrimonial (...)».* Así pues, y de conformidad con el mismo, cabe advertir que para que la desheredación por esta causa sea justa se requerirá sentencia judicial.

2. Denegación de alimentos

Otra de las causas que nuestro ordenamiento jurídico señala como justas causas de la desheredación de progenitores y ascendientes, viene determinada por la negación de los alimentos de estos a sus hijos o descendientes sin motivo legítimo.

En este sentido, y de conformidad con lo previsto en el **artículo 142 del Código Civil**, debe advertirse que será entendido por alimentos todo lo que se constituye como indispensable para el sustento, habitación, vestido y asistencia médica. Asimismo, la educación e instrucción mientras sea menor de edad y aún después cuando no haya terminado su formación por causa que no le sea imputable.

A su vez, el **artículo 146 del Código Civil**, expresa que para su fijación han de tenerse en cuenta tanto las necesidades del alimentista como las posibilidades del alimentante obligado a la prestación. Por lo tanto, la concreción de los alimentos tiene un acusado carácter de relatividad, de suerte que ha de buscarse el equilibrio adecuado entre necesidad y posibilidad, evitando que a costa de atender al alimentista se ponga al alimentante en la misma necesitada situación de aquel.

También habrá de tener en cuenta que existen causas específicamente tasadas en nuestro ordenamiento jurídico por las que **cesa la obligación de prestar** alimentos y que se encuentran recogidas en el artículo 152 del Código Civil:

- Muerte del alimentista.

- Cuando la fortuna del obligado a darlos se hubiere reducido hasta el punto de no poder satisfacerlos sin desatender sus propias necesidades y las de su familia.

- Cuando el alimentista pueda ejercer un oficio, profesión o industria, o haya adquirido un destino o mejorado de fortuna, de suerte que no le sea necesaria la pensión alimenticia para su subsistencia.

- Cuando el alimentista, sea o no heredero forzoso, hubiese cometido alguna falta de las que dan lugar a la desheredación.

- Cuando el alimentista sea descendiente del obligado a dar alimentos, y la necesidad de aquél provenga de mala conducta o de falta de aplicación al trabajo, mientras subsista esta causa.

CUESTIONES

1. Si la desheredación de un progenitor por su hijo, fundada en ausencia de manutención o ayuda económica del apartado segundo del artículo 854 del Código Civil fuera impugnada por el desheredado, ¿la testifical de la psicóloga que trataba al hijo, a través de la que esta atestigua la mala relación de la testadora con el progenitor desheredado, podría erigirse como prueba determinante para justificar la desheredación?

Se pronuncian ante un supuesto de estas características los magistrados de la Audiencia Provincial de Madrid (SAP de Madrid n.º 373/2019, de 3 de septiembre, ECLI:ES:APM:2019:8297), señalando que las declaraciones de la psicóloga relativas a la mala relación entre la causante con su madre no son en absoluto determinantes para justificar la desheredación y de ningún modo pueden servir de base para acreditar una supuesta privación de alimentos.

2. ¿La causa de desheredación fundada en ausencia de manutención o ayuda económica requerirá necesariamente la reclamación fehaciente de prestación de alimentos al alimentista desheredado?

La prueba de la causa de desheredación corresponderá a los herederos del testador si el desheredado lo negase, y ello a tenor de lo dispuesto en el artículo 850 del Código Civil. Así pues, en el supuesto en el que el ascendiente desheredado ejercite la acción de nulidad de la cláusula testamentaria por la que nada se le deja en concepto de legítima, por haberle negado alimentos sin motivo legítimo, haciendo pues, uso de lo dispuesto en el párrafo segundo del artículo 854 del Código Civil, **habrá de estar al conjunto de pruebas existentes en el procedimiento.**

En este sentido y a modo de ejemplo, traemos a colación la **sentencia de la Audiencia Provincial de Madrid n.º 426/2019, de 20 de diciembre, ECLI:ES:APM:2019:17288**, que entiende plenamente justificada la causa de desheredación recogida en el testamento otorgado por el hijo de la demandante basándose para ello en las diferentes pruebas aportadas en el procedimiento que, a juicio de la sala, justifican plenamente la causa de desheredación recogida en la disposición testamentaria (art. 854.2.º del CC), manifestando asimismo que toda vez que la prestación alimenticia tiene un contenido eminentemente ético respecto de los hijos, resulta innecesario justificar que se hubiera producido un requerimiento al efecto puesto que es el progenitor quien debería haberse interesado por el bienestar de sus hijos, proporcionándoles todo aquello que pudieran necesitar.

3. Atentado de uno de los progenitores contra la vida del otro

Por último, el apartado 3.º del artículo 854 del Código Civil recoge como justa causa de desheredación el haber atentado uno de los progenitores contra la vida del otro. Ahora bien, cabe advertir que el precepto requiere, para la justa validez de esta causa de desheredación, que no hubiere mediado reconciliación entre los progenitores.

3.3.3. Causas de desheredación del cónyuge

¿Cuáles son las causas de desheredación del cónyuge?

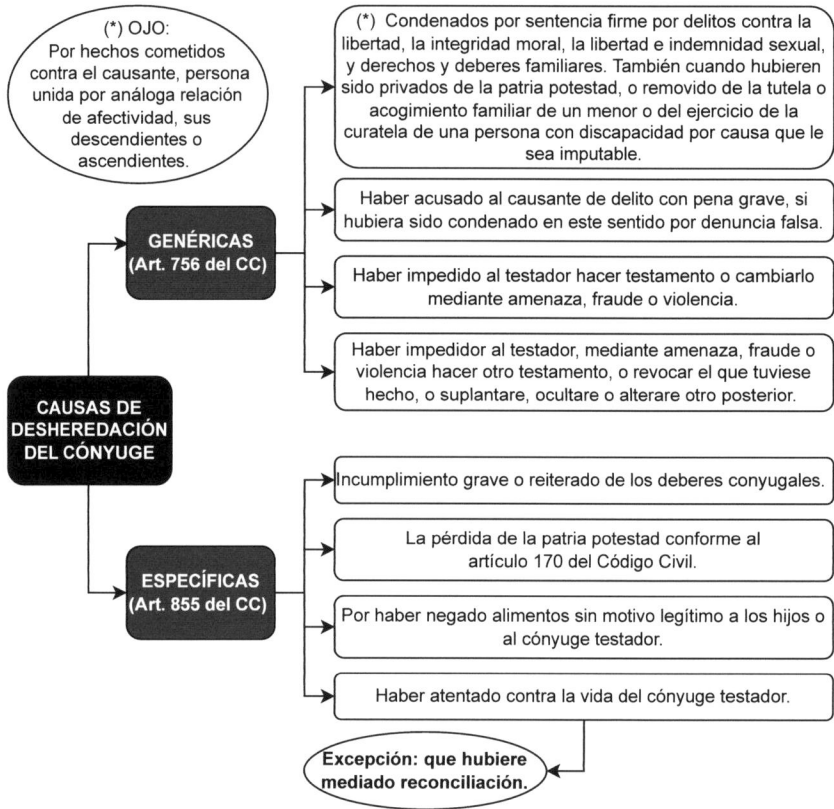

Constituirán justa causa de desheredación del cónyuge, además de las señaladas en el **artículo 756 del Código Civil**, números 2.º, 3.º, 5.º y 6.º, las recogidas en el propio **artículo 855** del citado texto legal.

a) **Causas genéricas:** el **artículo 855 del Código Civil** remite a las siguientes causas de indignidad como causas de desheredación del cónyuge. De acuerdo con estas, determinará la incapacidad del cónyuge para suceder los hechos realizados al causante o a alguno de sus descendientes o ascendientes cuando este:

- El que fuera condenado por sentencia firme por delitos contra la libertad, la integridad moral y la libertad e indemnidad sexual, si el ofendido es el causante, su cónyuge, la persona a la que esté unida por análoga relación de afectividad o alguno de sus descendientes o ascendientes. Asimismo, el condenado por sentencia firme a pena grave por haber cometido un delito contra los derechos y deberes familiares respecto de la herencia de la persona agraviada. También el privado por resolución firme de la patria potestad, o removido del ejercicio de la tutela o acogimiento familiar de un menor o del ejercicio de la curatela de una persona con discapacidad por causa que le sea imputable, respecto de la herencia del mismo.

- Hubiere acusado al causante de delito con pena grave, si hubiera sido condenado en este sentido por denuncia falsa.

- Hubiere obligado al testador a hacer testamento o a cambiarlo mediante amenaza, fraude o violencia.

- Hubiere impedido al testador, mediante amenaza, fraude o violencia hacer otro testamento, o revocar el que tuviese hecho, o suplantare, ocultare o alterare otro posterior.

b) **Causas específicas:** además de la remisión a las antedichas causas genéricas, el artículo 855 señala como justas causas para desheredar al cónyuge las siguientes:

1. Incumplimiento grave o reiterado de los deberes conyugales

De conformidad con lo previsto en el **artículo 855 del Código Civil** constituirá justa causa para la desheredación del cónyuge el incumplimiento grave o reiterado por parte de este respecto de los deberes conyugales.

En relación con el incumplimiento, tal y como ha sido señalado jurisprudencialmente, **basta un solo incumplimiento si este fuera grave** o, en otro caso, y no de forma acumulativa, se requerirán **varios incumplimientos leves, pero repetidos** (entre otras, **SAP de Madrid n.º 402/2015, de 14 de diciembre, ECLI:ES:APM:2015:16855**).

Por otro lado, y en relación con **los deberes conyugales** a los que se refiere el artículo, debemos entender que **estos son los expresados en los artículos 67 y 68 del Código Civil**. En este sentido, resulta de interés traer a colación la **sentencia del Tribunal Supremo n.º 881/2003, de 25 de septiembre, ECLI:ES:TS:2003:5714** en la que la Sala realiza un examen respecto a la concurrencia o no, en el concreto caso de autos, de un incumplimiento grave o reiterado de los deberes conyugales cuando media entre estos demanda de separación o divorcio, sin que, a fecha de fallecimiento del testador, hubiere recaído sentencia firme:

> «Procede examinar si se da el supuesto legal de desheredación previsto en el número 1.º del artículo 855, que contempla el incumplimiento grave y reiterado de los deberes conyugales. La sentencia de apelación atendió básicamente al relato fáctico contenido en la demanda de separación que planteó el esposo-testador en fecha 1994 y no como debía a las pruebas obrantes en las actuaciones, no habiendo recaído sentencia de separación y sólo auto de 1 de octubre de 1994 de medidas provisionales. No obstante, respetando el «factum" que se establece como demostrado, **quedaron acreditadas que las relaciones del matrimonio no eran bue-**

nas, pero esto no es relevante a efectos de concurrir incumplimiento grave y reiterado de los deberes conyugales y sí ha de tenerse en cuenta que se sentó como demostrado que la demandante regresó a España en el año 1992, dejando a su marido en Venezuela, el que sufría una grave enfermedad diagnosticada como cáncer maligno, que precisó de dos intervenciones quirúrgicas practicadas el 31 de mayo de 1993 y mayo de 1994, regresando posteriormente a España donde falleció en casa de sus hijos el 29 de enero de 1995.

Dicha enfermedad hubo de afrontarla solo el referido testador y no consta acreditado que la esposa se hubiera trasladado a Venezuela en algún momento para atenderlo. No cabe aceptar los razonamientos que contiene la sentencia en recurso de que no pudo la demandante socorrer y ayudar a su marido, por habérselo impedido los hijos de éste, pues se presenta razonamiento ilógico ya que residían en España y su padre se encontraba en Venezuela, contando la actora con toda la libre disponibilidad para trasladarse a dicho país, si esa hubiera sido su voluntad, que **no lo fue y prestar en momentos tan graves asistencia cumplida -moral, física, apoyo, comprensión y demás- a lo que estaba obligada conforme disponen los artículos 67 del Código Civil -"ayudarse mutuamente"- y 68 -"socorrerse mutuamente"-.**

Se trata de efectivo incumplimiento grave y reiterado, no desvirtuado por el hecho de haberse promovido demanda de separación, que precisaba sentencia y los derechos sucesorios del cónyuge viudo se mantienen en conformidad al artículo 834».

2. La pérdida de la patria potestad conforme al artículo 170 del Código Civil

Otra de las causas recogidas en el **artículo 855 del Código Civil** para la justa desheredación legal del cónyuge del testador, contempla aquellos supuestos en los que este hubiera incurrido en las causas de pérdida de la patria potestad por incumplimiento de los deberes que esta comporta o en virtud de causas criminal o matrimonial, de conformidad con lo previsto en el **artículo 170 del Código Civil.**

A este respecto, debemos recordar que en concordancia con lo previsto en el **artículo 170 del Código Civil,** para el efectivo ejercicio de esta causa como motivo de desheredación, se requerirá que haya recaído sentencia fundada en el incumplimiento de los deberes inherentes a la patria potestad o dictada en causa criminal o matrimonial.

3. Haber negado alimentos a los hijos o al otro cónyuge

De conformidad con lo previsto en el **artículo 855.3.° del Código Civil,** el progenitor/a que sí presto alimentos y cuidados al/la hijo/a, podrá expresar en testamento como causa legal por la que procede a desheredar a su cónyuge, el haber negado este/a alimentos a los hijos o al propio testador sin motivo legítimo.

4. Haber atentado contra la vida del cónyuge testador

Por último, recoge como causa de desheredación del cónyuge el **artículo 855.4.° del Código Civil,** el que este hubiere atentado contra la vida del testador. En este sentido, se constituye como requisito indispensable, naturalmente, que este no haya logrado acabar con la vida del otro cónyuge toda vez que, de ser así, no le sería posible testar y, en consecuencia, la única vía por la que se le excluiría de la herencia sería en virtud de la declaración de indignidad para suceder contemplada en el numeral primero del **artículo 756 del Código Civil.**

Asimismo, cabe advertir que, tal y como explícitamente refiere el **artículo 855.4.º del Código Civil,** para que esta causa de desheredación sea justa, resulta indispensable que entre los cónyuges no hubiere mediado reconciliación.

3.4. Efectos de la desheredación

¿Cuáles son los efectos de la desheredación?

Tal y como hemos visto, la desheredación es una institución mediante la cual el testador priva voluntariamente de su legítima —a través de una declaración testamentaria expresa— a uno o a varios de sus herederos forzosos (o incluso a todos). Ahora bien, dicha voluntad de exclusión y privación, tal y como ya hemos puesto de manifiesto anteriormente, deberá de ser no solo explícita, sino también determinada. Esto es, habrá de proyectarse en un doble sentido:

- **Expresión de la causa legal** por la que se lleva a cabo la desheredación, ya sea por referencia a la norma que la tipifica o mediante la imputación de la conducta tipificada.

- **Identificación del legitimario** al que se imputa la conducta legalmente relevante para justificar su apartamiento.

> **CUESTIÓN**
>
> **¿Puede alcanzar la desheredación a la totalidad de los descendientes de manera genérica?**
>
> No. Aunque la jurisprudencia ha sido flexible en cuando al modo de indicación de la razón de la desheredación, ha de resultar una imputación en términos que no dejen duda de quien incurrió en la causa, o cometió el hecho constitutivo de la misma, evitando las referencias genéricas que, por su ambigüedad, crean inseguridad. Por eso se plantea como un requisito de la desheredación la perfecta identificación del sujeto que sufre la privación de su legítima, al menos con el mismo rigor que se exige para la designación de heredero, por su nombre y apellidos tal y como estipula el **artículo 772 del Código Civil**. Subsidiariamente habrán de ser perfectamente determinables, por estar designados de manera que no pueda dudarse de quien sea el sujeto afectado [Resolución de la Dirección General de los Registros y del Notariado (ahora Dirección General de Seguridad Jurídica y Fe Pública) de 25 de mayo de 2017].

Ahora bien, cabe advertir que, en tanto se declare si nos encontramos ante una desheredación justa o injusta, habremos de atender a lo expresamente estipulado por el causante en su testamento. Supuesto distinto será en aquellos casos en los que la desheredación devenga en virtud de las causas de indignidad previstas en el **artículo 756 del Código Civil** toda vez que, la incapacidad para suceder por causas de indignidad, a diferencia de la desheredación, produce sus efectos *ex lege*, apartando al incapaz para suceder de la herencia tanto en la sucesión testada como intestada, privando al indigno de su legítima. **Las causas de desheredación solo caben en la sucesión testada, mientras que, en la intestada, también concurren las causas de indignidad**.

Efectos de la desheredación justa

Estaremos ante una desheredación justa cuando el desheredado no se opone o, cuando, aun oponiéndose, se declare judicialmente procedente la desheredación efectuada por el testador. **Los efectos que producirá la justa desheredación serán**:

- **Pérdida del derecho a la legítima que legalmente le hubiera correspondido al desheredado**. Sin embargo, cabe advertir que dichos efectos, solo alcanzan a la legítima. Así, por ejemplo, si el testador ha dejado algo al desheredado con cargo al tercio libre de disposición, solo si la causa de desheredación es también causa de indignidad para suceder, sería posible privarle a este de la disposición efectuada a su favor.

- Los efectos de la desheredación justa **no alcanzarán a las donaciones que el testador haya hecho en vida al desheredado,** que mantendrán su carácter válido, salvo que el hecho que haya dado lugar a la desheredación sea también causa de revocación de esta. (A este respecto, recomendamos la lectura del supuesto práctico por el que hacemos explícita mención a los supuestos en los que puede revocarse la donación).

- Conforme preceptúa el **artículo 857 del Código Civil**, a consecuencia de la desheredación justa **entrará en juego el derecho de representación, por lo que los hijos o descendientes del desheredado justamente, pasarán a ocupar el lugar de este**. Ahora bien, únicamente conservarán los derechos de herederos forzosos **respecto a la legítima**.

> **CUESTIÓN**
>
> **¿Si el desheredado no tiene hijos ni descendientes entrará en juego el derecho de representación entre los herederos forzosos del testador?**
>
> No. Si el desheredado justamente no tuviere hijos ni descendientes que ocupen el lugar de este respecto de la legítima, únicamente entrará en juego el derecho de acrecer entre los herederos forzosos cuando el testador haya dejado la parte de libre disposición a dos o más de ellos, o a alguno de ellos y a un extraño (**artículo 985.2 del Código Civil**).

Efectos de la desheredación injusta

De conformidad con lo previsto en el **artículo 851 del Código Civil**, estaremos ante una desheredación injusta cuando nos encontremos ante alguno de los siguientes supuestos:

- Desheredación sin expresión de causa alguna.

- Desheredación hecha por causa cuya certeza fuere contradicha por el desheredado, y no se probase, por los herederos del testador, la autenticidad de la misma.

- Desheredación hecha por causa distinta a las señaladas en los **artículos 852** a **855 del Código Civil**.

De encontrarnos ante uno de estos supuestos, nuestro ordenamiento jurídico prevé la **anulación de la institución de heredero en cuanto perjudique al desheredado, pero manteniendo la validez de los legados, mejoras y demás disposiciones testamentarias en lo que no perjudiquen a la legítima.** Así pues, **el desheredado injustamente podrá impugnar el testamento y reclamar su legítima estricta,** no así la legítima larga.

Ahora bien, a este respecto, cabe advertir que, tal y como recoge la **STS de 10 de junio de 1988, ECLI:ES:TS:1988:10391,** en el **supuesto en el que el testador deshereda a todos sus descendientes,** declarada injusta la desheredación estos tendrán derecho no ya solo a la legítima estricta, sino también a su tercio de mejora, de la cual, en estos supuestos el testador no puede disponer, al desheredar a todos cuantos podrían tener derecho a él:

> «DOCTRINA: Si bien la expresión «en cuanto perjudique al desheredado», contenida en el artículo 851 del Código Civil, proyectándola sobre la anulación de la institución de heredero, **debe entenderse en el sentido de que dicho perjuicio se produce cuando al heredero forzoso se le priva de su legítima estricta, mas no de la mejora, en cuanto que de ésta puede disponer el testador en favor de cualquiera de los restantes descendientes, sin embargo esta doctrina no tiene aplicación cuando declarada improcedente la desheredación efectuada por el testador de todos sus hijos y los únicos beneficiados son sus ascendientes, por que éstos si bien son herederos no tienen la condición de descendientes, por lo que los hijos desheredados sin causa legal justificante no pueden ser privados de la legítima y de la mejora...».**

A este respecto, también se pronunciaba la Sala de nuestro Alto Tribunal en su **STS n.º 725/2002, de 9 de julio, ECLI:ES:TS:2002:5118:**

> «El efecto de la preterición intencional se equipara al de la desheredación injusta (artículo 851): el preterido, como el desheredado injustamente, tiene derecho a la legítima, pero sólo a la legítima estricta o corta, es decir, un tercio, ya que la voluntad del causante, soberano de su sucesión, fue el privarle del todo y si por ley se le atribuye, no se puede extender a una parte (legítima larga) que corresponde a su libre disposición (entre hijos) y que voluntariamente nunca le quiso atribuir».

CUESTIÓN

Si el desheredado considera que la desheredación es injusta ¿cuál es el plazo que tiene para ejercitar la acción de impugnación?

El plazo para ejercitar la acción de impugnación testamentaria está sujeta al plazo de cuatro años. Dicho plazo empezará a contar desde que se abre la sucesión y puede ser conocido el contenido del testamento. Este extremo ha sido declarado como doctrina jurisprudencial por el **Tribunal Supremo en su sentencia n.º 492/2019, de 25 de septiembre, ECLI:ES:TS:2019:2917.**

Asimismo, es importante advertir que la demanda deberá dirigirse no solo contra los herederos del testador sino también contra los legitimarios del desheredado toda vez que a estos afecta directa e indirectamente el pleito, pues, de su resultado, deriva el derecho propio que en tal caso puede señalarles o no como herederos legitimarios. Así, la **sentencia del Tribunal Supremo n.º 928/1995, de 31 de octubre, ECLI:ES:TS:1995:8001,** aprecia la existencia de litisconsorcio pasivo necesario por no haberse demandando a los hijos del actor desheredado.

Impugnada por el legitimario la desheredación, el **artículo 850 del Código Civil** especifica que corresponderá la carga de la prueba de la certeza de la causa a los herederos del testador. Sin embargo, podría plantearsenos la duda respecto a la posibilidad de que los herederos testamentarios, de común acuerdo, pudieran **reconocer la inexistencia de la causa de desheredación, sin necesidad de acudir a un procedimiento judicial mediante el que se declare la ineficacia de la desheredación hecha en testamento.**

La **resolución de fecha 5 de octubre de 2018, emitida por la Dirección General de los Registros y del Notariado (en la actualidad, Dirección General de Seguridad Jurídica y Fe Pública),** se pronuncia a favor de que por los herederos, de común acuerdo, se produzca el reconocimiento de la inexistencia de la causa de desheredación, procediéndose pues, a la adjudicación a los desheredados de su legítima, toda vez que, tal y como señala la citada resolución, el artículo 850 del Código Civil, dice que son los herederos del testador los que deben probar ser cierta la causa de desheredación si el desheredado la negase y:

> «(...) El partir respetando la legítima del desheredado es una opción que todos han considerado preferible a la alternativa judicial de contender los padres y sus hijos sobre la causa de desheredación. De hecho, el acuerdo entre los interesados (toda la familia cercana del causante en este caso) siempre es preferible a la alternativa judicial (...)».

Ahora bien, cabe recordar que, tal y como pone de reflejo la **resolución de fecha 3 de octubre de 2019 de la Dirección General de los Registros y del Notariado (en la actualidad, Dirección General de Seguridad Jurídica y Fe Pública), el reconocimiento de inexistencia de la causa y la atribución al desheredado de su legítima, debe ser otorgado por todos los interesados.**

Los efectos de la reconciliación posterior a efectos de la desheredación

Conforme a lo dispuesto en el **artículo 856 del Código Civil**, la reconciliación posterior del ofensor y del ofendido priva a este del derecho de desheredar, **dejando sin efecto la desheredación ya hecha.** Esto es, la desheredación quedará sin efecto por la reconciliación posterior del ofendido con el ofensor e impedirá al causante desheredarlo por este motivo.

Conforme a lo expuesto, el precepto antedicho contempla dos supuestos diferenciados. De un lado, que el causante haya dispuesto testamento en el que lleva a cabo la desheredación, supuesto en el que la reconciliación **determinará la ineficacia de la disposición testamentaria** por la que el causante efectúa la desheredación y, de otro, aquellos supuestos en los que el testador no hubiere realizado testamento, en cuyo caso, la reconciliación **impedirá que este, en el momento de hacer testamento, haga uso para justificar la desheredación de la causa que ya ha sido objeto de reconciliación, lo que determina el carácter irrevocable que nuestro ordenamiento jurídico otorga a la figura de la reconciliación.**

Ahora bien, para que la figura de la reconciliación entre en juego, debe quedar **acreditada fehacientemente por la parte que la alega**, en observancia de las normas que regulan el *onus probandi* en nuestro ordenamiento jurídico (**artículo 217 de la Ley de Enjuiciamiento Civil**), y a través de cualquier medio admitido en derecho.

Tal y como señalan, entre otras, las **SAP de Valencia n.º 530/2004, de 8 de octubre, ECLI:ES:APV:2004:4303, SAP de Pontevedra n.º 576/2015, de 2 de diciembre, ECLI:ES:APPO:2015:2601, SAP de Cuenca n.º 408/2018, de 20 de noviembre ECLI:ES:APCU:2018:461,** diversas sentencias de audiencia provinciales recogen el criterio doctrinal de exégesis del término reconciliación en relación con la desheredación, exponiendo que la misma **requiere una relación bilateral y recíproca de hecho, distinguiéndose entre la figura del mero perdón y la de la reconciliación,** indicando que el perdón se ha de extender a la desheredación y no simplemente a la ofensa recibida, por ello el perdón, para extinguir la desheredación, ha de ser determinado y específico, orientado hacia el acto ofensivo concreto, con intención de rehabilitar al ofensor, no bastando el simple perdón que con carácter general se dirige hacia todos los que en la vida ofendieron al causante.

En este sentido, se ha manifestado recientemente nuestro Alto Tribunal indicando, en su **STS n.º 401/2018, de 27 de junio, ECLI:ES:TS:2018:2492,** que *«(...) a pesar de que el art. 856 CC solo menciona la reconciliación como causa que impide desheredar o que priva de eficacia a la desheredación ya hecha, ello no podría impedir la eficacia del perdón de la ofensa concreta que, de haber quedado acreditada, lo que no ha sucedido en el caso, fuera causa de desheredación, pues quien puede hacer valer la causa de desheredación también puede remitirla eficazmente».*

Asimismo, y en relación con la existencia de una **reconciliación tácita,** los magistrados de la Audiencia Provincial de Vigo (**SAP de Pontevedra n.º 576/2015, de 2 de diciembre, ECLI:ES:APPO:2015:2601**) señalan que:

> «(...) para apreciar la existencia de una reconciliación tácita o implícita, es necesario que la misma se deduzca de **datos fácticos de carácter**

inequívoco, incuestionable o concluyente de los que resulte, de modo indiscutible y positivo, el propósito o aspiración de ambas partes de dejar atrás el enfrentamiento. Y tal situación no ha venido a acreditarse por la parte actora, a quien correspondía su prueba en observancia de las normas que regulan el onus probandi en nuestro ordenamiento».

Idéntico pronunciamiento mantienen los magistrados de la **Audiencia Provincial de Valencia en su SAP n.º 488/2019, de 5 de noviembre, ECLI:ES:APV:2019:5257**. En ella, la Sala desestima el recurso de apelación interpuesto por el desheredado sustentado en haberse producido una reconciliación en base a que este había vivido durante 10 años en una vivienda propiedad de sus padres (testadores).

«El artículo 856 del Código Civil determina que la reconciliación del ofensor con el ofendido deja sin efecto la desheredación ya hecha.

La Sala da por reproducido el tratamiento sobre el significado jurídico dentro del ámbito de la desheredación que reporta la "reconciliación" como medio de dejar sin efecto la voluntad expresada en el testamento de la privación de la legítima y como bien motiva la juzgadora haciéndose eco de la línea jurisprudencial, la misma **exige una relación bilateral y recíproca de hecho, de eliminación de los efectos del hecho reglado como causa de desheredación que no se justifica en el caso presente por el mero y único dato de que el hijo viviese en un inmueble de los padres**, (estos eran titulares de varios inmuebles), cuando consta que en el año 1999 el padre ya denunció que se había producido por parte del hijo de una intromisión en ese inmueble (Documento 21 de la contestación) y en el año 2010 la relación entre padre e hijo es escasa (documento 22 de la contestación) y no se aporta o justifica cualquier otro hecho del que deducir que los padres perdonasen a su hijo de todas las ofensas y ataques sufridos en el sentido de hacer haber reconciliación, es decir, desaparecer de hecho la voluntad de tal privación a la legítima por causa legal».

Con respecto al **perdón**, para que sea válido a los efectos de la desheredación el mismo ha de extenderse a la desheredación y no simplemente a la ofensa recibida, y además, el perdón debe de ser especial y concreto para el hecho causante de la desheredación, no bastando cualquier fórmula general, al respecto la **Audiencia Provincial de Santander n.º 326/2015, de 21 de septiembre, ECLI:ES:APS:2015:1290**, reza:

«El motivo debe decaer por dos razones. La primera, porque si «la reconciliación posterior del ofensor y del ofendido priva a éste del derecho de desheredar» (artículo 856 CC), del precepto se deduce que el perdón del hecho que constituye la causa de desheredación impide posteriormente desheredar sobre la base de ese mismo hecho. Y la segunda, porque siendo normal y muy conveniente desde el punto de vista familiar y social el perdón entre parientes próximos, este Tribunal no admite que su eficacia se haga depender de elementos formales (como sería la concreta enumeración de todos los agravios sufridos anteriormente)».

CUESTIÓN

La posterior convivencia conjunta del testador con el desheredado, ¿implica forzosamente la existencia de la reconciliación contemplada en el artículo 856 del Código Civil por la que se deje sin efecto la desheredación impuesta por el causante?

No, la posterior convivencia conjunta del testador con el desheredado no implicará forzosamente la existencia de una reconciliación. Esta postura es recogida por la Sala de lo Civil de nuestro Tribunal Supremo que en su **STS n.º 267/2019, de 13 de mayo, ECLI:ES:TS:2019:1523,** reitera la doctrina jurisprudencial del maltrato psicológico al que ya hemos hecho alusión, **manteniendo la exclusión de la legítima incluso con respecto al hijo que había residido con la causante después de haber otorgado testamento,** al haberse logrado, de la prueba practicada, la convicción de que este residió en la casa de su madre por razones económicas y no de cuidados y asistencia para con su madre.

4.
ESPECIALIDADES DE LA PRETERICIÓN Y DESHEREDACIÓN EN TERRITORIOS CON DERECHO CIVIL PROPIO

¿Dónde se regula la preterición y desheredación en los territorios con derecho civil propio?

Antes de entrar a la regulación autonómica cabe hacer referencia a la definición de preterición y desheredación.

PRETERICIÓN	Omisión en el testamento, voluntaria o involuntaria, de un heredero forzoso.
DESHEREDACIÓN	Acto que excluye a alguien de la herencia forzosa, expresamente y por causa legal.

En cuanto a la normativa autonómica de aquellos territorios con derecho civil foral o especial en materia de preterición y desheredación es la siguiente:

- La regulación de la preterición y el desheredamiento en **Galicia** está recogida en la sección 4.ª del capítulo V (De las legítimas) del título X de la **Ley 2/2006, de 14 de junio, de derecho civil de Galicia**. En concreto, la citada regulación está contemplada en los **artículos 258-266 de la Ley 2/2006, de 14 de junio**.

- En el **País Vasco**, la regulación tanto de la preterición como de la desheredación tiene una escasa presencia en la **Ley 5/2015, de 25 de junio, de Derecho Civil Vasco**. En lo que respecta a la preterición destaca el **artículo 51 de la Ley 5/2015, de 25 de junio** mientras que en lo tocante a la desheredación solo se pueden mencionar los **artículos 50** y **108.3 de la Ley 5/2015, de 25 de junio**.

- La preterición y la desheredación en **Navarra** se encuentran reguladas en el capítulo II (De la legítima) del título X del libro II de la **Ley 1/1973 de 1 de marzo, por la que se aprueba la Compilación del Derecho Civil Foral de Navarra**. En concreto, dicha regulación está contemplada en las **leyes 270** y **271 de la Ley 1/1973, de 1 de marzo**.

- La regulación de la preterición en **Aragón** está recogida en el capítulo IV, mientras que la de la desheredación se encuentra recogida en el capítulo V, ambas del título VI (De la legítima), libro III del **Decreto Legislativo 1/2011, de 22 de marzo, del Gobierno de Aragón**, por el que se aprueba, con el título de Código del Derecho Foral de Aragón, el texto refundido de las Leyes civiles aragonesas. En concreto, dichas regulaciones están contempladas en los **artículos 503-514 del Decreto Legislativo 1/2011, de 22 de marzo**.

- La regulación de la preterición y la desheredación en **Cataluña** se encuentra recogida en la sección 4.ª, del capítulo I (De la legítima) del título V de la **Ley 10/2008, de 10 de julio, del libro cuarto del Código Civil de Cataluña**, relativo a sucesiones. En concreto, la citada regulación está contemplada en los **artículos 451-16** a **451-21 del Código Civil Catalán**.

- La regulación en **Baleares** sobre la preterición y la desheredación es escasa y está dispersa a lo largo de todo el **Decreto Legislativo 79/1990, de 6 de septiembre, por el que se aprueba el texto refundido de la compilación del Derecho civil de las Islas Baleares**. En concreto, y en relación con la preterición destaca el **artículo 46** y la DT 1.ª **del Decreto Legislativo 79/1990, de 6 de septiembre**; con respecto a la desheredación encontramos una breve mención a esta figura en el **artículo 46 del Decreto Legislativo 79/1990, de 6 de septiembre**.

TERRITORIO	CAUSAS DESHEREDACIÓN
GALICIA	Haberle negado alimentos a la persona testadora.
	Haberla maltratado de obra o injuriado gravemente.
	Las causas de indignidad.
	Incumplimiento grave o reiterado de los deberes conyugales.
CATALUÑA	Las causas de indignidad.
	La denegación de alimentos al testador o a su cónyuge o conviviente en pareja estable, a los ascendientes o descendientes del testador, en los casos en que existe la obligación legal de prestárselos.
	El maltrato grave al testador, a su cónyuge o conviviente en pareja estable, o a los ascendientes o descendientes del testador.
	La suspensión o privación de la potestad que correspondía al progenitor legitimario sobre el hijo causante o de la que correspondía al hijo legitimario sobre un nieto del causante, en ambos casos por causa imputable a la persona suspendida o privada de potestad.
	La ausencia manifiesta y continuada de relación familiar entre el causante y el legitimario, si es por una causa exclusivamente imputable al legitimario.
PAÍS VASCO	No dispone nada al respecto.

TERRITORIO	CAUSAS DESHEREDACIÓN
ISLAS BALEARES	Los condenados en juicio penal por sentencia firme por haber atentado contra la vida o por lesiones graves contra el causante, su cónyuge su pareja estable o de hecho o alguno de sus descendientes o ascendientes.
	Los condenados en juicio penal por sentencia firme por delitos contra la libertad, la integridad moral y la libertad sexual, si el ofendido es el causante, su cónyuge, su pareja estable o de hecho o alguno de sus descendientes o ascendientes.
	Los privados por sentencia firme de la patria potestad, tutela, guarda o acogida familiar por causa que les sea imputable, respecto del menor o discapacitado causante de la sucesión.
	Los condenados por sentencia firme a pena grave contra los deberes familiares en la sucesión de la persona agraviada.
	Los que hayan acusado al causante de delito para el que la ley señale pena grave, si es condenado por denuncia falsa.
	Los que hayan inducido u obligado al causante a otorgar, revocar o modificar las disposiciones sucesorias, o le hayan impedido otorgarlas, modificarlas o revocarlas.
	Los que destruyan, alteren u oculten cualquier disposición *mortis causa* otorgada por el causante.
	En la sucesión de las personas con discapacidad, los que no hayan prestado las atenciones debidas en concepto de alimentos.
NAVARRA*	Comisión de cualquier delito, la causación de un daño o la realización voluntaria de una conducta socialmente reprobable contra la persona o bienes del causante o contra personas integrantes de su grupo o comunidad familiar o de sus bienes.
	La denegación indebida de alimentos al causante o a su cónyuge o pareja estable o a alguno de sus descendientes en los casos en que exista obligación legal de prestárselos.
	El condenado en sentencia firme por haber atentado contra la vida o por haber causado lesiones graves al disponente o causante, su cónyuge o persona con la que conviva en pareja estable o a alguno de sus descendientes, ascendientes o hermanos.
	El condenado en sentencia firme por haber ejercido habitualmente violencia física o psíquica en el ámbito familiar al disponente o causante o a su cónyuge, pareja estable, descendientes, ascendientes o hermanos.
	El condenado en sentencia firme por delitos contra la libertad, la integridad moral y la libertad e indemnidad sexual, si el ofendido es el disponente o causante o alguna de las personas que se han mencionado anteriormente.

TERRITORIO	CAUSAS DESHEREDACIÓN
NAVARRA*	El condenado por denuncia falsa o falso testimonio por haber acusado o prestado declaración en proceso judicial frente al disponente o causante por delito para el que la ley señala pena grave.
	El que no hubiere prestado las atenciones jurídicamente debidas a una persona con discapacidad cuando se trate de la adquisición de sus bienes o derechos.
ARAGÓN	Indignidad para suceder.
	Haber negado sin motivo legítimo los alimentos al padre o ascendiente que le deshereda.
	Haberle causado maltrato grave de obra o psicológico, así como a su cónyuge o pareja estable siempre que sean ascendientes del desheredado.
	Haber sido judicialmente privado de la autoridad familiar sobre descendientes del causante por sentencia fundada en el incumplimiento del deber de crianza y educación.
	La ausencia manifiesta y continuada de la relación familiar entre el causante y el legitimario, si es por una causa principalmente imputable al legitimario.

*A TENER EN CUENTA. Aunque la Ley 1/1973, de 1 de marzo contemple causas de desheredación en Navarra hay total libertad para hacerlo, ya que la contempla la legítima a modo simbólico del siguiente modo:

«La legítima navarra, tradicionalmente consistente en la atribución de "cinco sueldos 'febles' o 'carlines' por bienes muebles y una robada de tierra en los montes comunes por inmuebles", no tiene contenido patrimonial exigible ni atribuye la cualidad de heredero, y el instituido en ella no responderá en ningún caso de las deudas hereditarias ni podrá ejercitar las acciones propias del heredero».

¿Dónde se regula la preterición y la desheredación en Aragón?

La regulación de la preterición y la desheredación en Aragón se encuentra recogida, respectivamente, en los **capítulos IV y V del título VI (De la legítima), libro III del Decreto Legislativo 1/2011, de 22 de marzo, del Gobierno de Aragón, por el que se aprueba, con el título de «Código del Derecho Foral de Aragón»**, el texto refundido de las leyes civiles aragonesas. En concreto, dichas regulaciones se contemplan en los **artículos 503 a 514 del Decreto Legislativo 1/2011, de 22 de marzo**.

|| Preterición

En lo tocante a la preterición el **artículo 503 del Decreto Legislativo 1/2011, de 22 de marzo** dispone que se entienden preteridos aquellos legitimarios de grado preferente que, no favorecidos en vida del causante ni en su sucesión legal, no han sido mencionados en el pacto o testamento, o en el acto de ejecución de la fiducia.

No se consideran preteridos quienes en el momento de la delación de la herencia son legitimarios de grado preferente por sustitución de un ascendiente que no había sido preterido.

En cuanto a la preterición la **Audiencia Provincial de Zaragoza n.º 104/2009, de 25 de febrero, ECLI:ES:APZ:2009:241,** señala que:

> «La cuestión se ciñe pues a determinar el poder identificante de la mención para evitar la preterición, si tal designación debe ser nominativa, o si caben designaciones genéricas.
>
> Si la preterición es un mecanismo de tutela formal de la legítima, si con ella se sanciona el olvido del causante, o se repara el desconocimiento que el testador podía tener de un legitimario, sobre todo el meramente potencial, la respuesta a esa pregunta responderá, como con acierto se hace en la instancia, atendiendo a la realidad del caso, a si esa genérica referencia estaba pensada para la demandante.
>
> Por cuanto el supuesto aquí examinado no está específicamente prevenido por el legislador, y que servirá de base para que por la parte demandada se insinúe una estrategia por la parte demandante, articulada a través del ejercicio, post mortem del causante, de la acción de reclamación de la filiación, método con el que se conseguiría incidir sobre la voluntad del testador, quien al otorgar su última voluntad no había tenido en cuanta a quien, por no tener determinada legalmente la filiación, no sería legitimario del causante. Pero que la podría tener, como ha acaecido en el supuesto de autos, después de su muerte. Es decir, el supuesto del legitimario que sólo lo es potencialmente, por cuanto siendo descendiente del causante ni ha sido reconocido por éste ni ha ejercitado acción judicial en reclamación de filiación. Pero que lo puede hacer después de la muerte del causante, lo que fatalmente llevaría a una preterición, de modo que quedaría, en definitiva, en manos del descendiente provocar esta última.
>
> SEXTO.- Porque es en ese escenario en el que hay que resolver la situación que ahora se plantea, determinar la suficiencia de la mención en el testamento con respecto a un descendiente que se sabe por el causante, sin razonable género de dudas, que existía, pero que no tenía determinada su filiación, ni por voluntad del causante que nunca la quiso reconocer, ni por voluntad del descendiente, que nunca antes del fallecimiento del causante y sí sólo después ejercitó las acciones en reclamación de su filiación paterna.
>
> En esas condiciones, la redacción de la cláusula testamentaria, legar seis euros en pago de sus derechos legitimarios "a cualquier persona, que con derecho, alegase tal condición y la probare", por genérica que lo sea, que lo es, debe reputarse como suficiente a los efectos del art. 189 LS por cuanto, sencillamente, era la única forma de la que disponía el causante para referirse a quien, por cuanto no se le quería reconocer no tenía determinada su filiación ni, por ende, su condición de legitimaria. Pero que potencialmente sí que podía serlo si la demandante, con posterioridad al otorgamiento y aun incluso de la muerte del causante, como así fue, ejercitara con notable certeza de las posibilidades de éxito la acción de reclamación de filiación paterna. Potencial situación que es la que se afronta y

resuelve en el testamento, por tanto de forma válida para evitar la preterición. Razonamientos que hacen, como se ha dicho no sólo ocioso sino impertinente analizar el carácter intencional o no de una preterición que se niega, lo que fatalmente debe conducir a la desestimación del recurso».

El **artículo 504 del Decreto Legislativo 1/2011, de 22 de marzo,** señala que es suficiente para que no haya preterición cualquier mención del legitimario en cualquier parte o cláusula del testamento o escritura en que se ordene la sucesión, cualquier atribución de carácter simbólico o de valor irrelevante. Aunque no es mención suficiente, respecto de los nacidos después de otorgarse el testamento o la escritura, el uso de expresiones no referidas especialmente a ellos, ni tampoco la referencia a un descendiente como fallecido cuando en realidad vive.

La preterición es intencional cuando el disponente, al ordenar la sucesión, conocía la existencia del legitimario y su condición de tal. La preterición se presumirá intencional, salvo prueba en contrario (**artículo 505 del Decreto Legislativo 1/2011, de 22 de marzo**).

Por el contrario, la preterición no es intencional cuando el disponente, al ordenar la sucesión, desconocía la existencia del legitimario y su condición de tal, y en particular por haber nacido después, creer el causante que había fallecido o desconocer que era descendiente suyo (**artículo 506 del Decreto Legislativo 1/2011, de 22 de marzo**).

El legitimario preterido intencionalmente no tiene otro derecho que el que pueda corresponderle a reclamar la legítima colectiva frente a terceros, cuando exista lesión de la misma (**artículo 507 del Decreto Legislativo 1/2011, de 22 de marzo**).

El **artículo 508 del Decreto Legislativo 1/2011, de 22 de marzo,** contiene las consecuencias de la preterición no intencional:

• El legitimario preterido no intencionalmente tiene derecho, salvo previsión distinta del disponente, a una porción del caudal relicto igual a la que después de la reducción corresponda al menos favorecido por aquel. Esta porción se formará reduciendo proporcionalmente las participaciones de los restantes legitimarios, aunque estos tendrán derecho a pagar al preterido su parte en metálico. A la reducción se le aplicará lo dispuesto en el **artículo 496 del Decreto Legislativo 1/2011, de 22 de marzo**.

• Cuando todos o el único legitimario de grado preferente hayan sido preteridos no intencionalmente y no haya sido designado heredero o legatario ningún otro descendiente, se produce la delación legal de todo el caudal relicto.

• El preterido no intencionalmente tendrá, además, el derecho que pueda corresponderle a reclamar la legítima colectiva frente a terceros, cuando exista lesión de la misma.

|| Desheredación

Por otro lado, y en lo que respecta a la desheredación, el **artículo 509 del Decreto Legislativo 1/2011, de 22 de marzo** establece que solo producirán los efectos de la desheredación, aquella que se funde en una causa legal cierta y expresada en el pacto o testamento, o en el acto de ejecución de la fiducia. La carga de la prueba recaerá sobre los herederos del causante si el desheredado la niega.

El **artículo 510 del Decreto Legislativo 1/2011, de 22 de marzo** señala que son **causas legales de desheredación**:

- Las de indignidad para suceder.
- Haber negado sin motivo legítimo los alimentos al progenitor o ascendiente que le desheredada.
- Haberle causado maltrato grave de obra o psicológico, así como a su cónyuge o pareja estable siempre que sean ascendientes del desheredado.
- Haber sido judicialmente privado de la autoridad familiar sobre descendientes del causante por sentencia fundada en el incumplimiento del deber de crianza y educación.
- La ausencia manifiesta y continuada de relación familiar entre el causante y el legitimario, si es por una causa principalmente imputable al legitimario. Esta última causa de desheredación es una novedad introducida por la **Ley 3/2024, de 13 de junio, en vigor desde el 15 de julio de 2024.**

> A TENER EN CUENTA. El artículo 510 del Decreto Legislativo 1/2011, de 22 de marzo ha sido modificado por la **Ley 3/2024, de 13 de junio**, modificando su apdo. c) y añadiendo (como hemos visto) una nueva causa de desheredación. La reforma entró en vigor el 15 de julio de 2024.

La desheredación con causa legal tiene los **efectos** señalados en el **artículo 511 del Decreto Legislativo 1/2011, de 22 de marzo**:

- **Privación del desheredado de la condición de legitimario y de las atribuciones sucesorias**, excepto de las voluntarias posteriores a la desheredación.
- **Extinción de la legítima colectiva** si no hubiera otros descendientes.
- **Privación del disponente al derecho a desheredar y a dejar sin efecto la desheredación ya hecha**, cuando exista reconciliación entre este y el desheredado, o el perdón del primero al segundo.

El disponente puede excluir a los legitimarios de grado preferente, aunque no concurran los requisitos de la desheredación con causa legal y aun sin alegación de causa alguna, según dispone el **artículo 512 del Decreto Legislativo 1/2011, de 22 de marzo**.

Además, los legitimarios excluidos no tienen otros derechos que el que pueda corresponderles al reclamar la legítima colectiva frente a terceros, cuando exista lesión de la misma, y los que les correspondan en la sucesión legal, salvo lo dispuesto en los **artículos 513 y 514 del Decreto Legislativo 1/2011, de 22 de marzo**.

La exclusión absoluta tiene lugar cuando el disponente ha expresado su voluntad de privar al excluido de todo derecho a la sucesión. Los excluidos absolutamente quedan privados del derecho a suceder *abintestato* y del de ejercitar la acción de lesión que pudiera corresponderles, en los que serán sustituidos por sus estirpes de descendientes si los tuvieran. No obstante, si la exclusión absoluta afecta a todos o al único legitimario, conservarán el derecho a suceder *abintestato* y a reclamar la legítima colectiva frente a terceros, cuando exista lesión de la misma (**artículo 513 del Decreto Legislativo 1/2011, de 22 de marzo**).

CUESTIÓN

¿Qué ocurre si existe un error en el motivo o causa de desheredación?

De acuerdo con el **artículo 514 del Decreto Legislativo 1/2011, de 22 de marzo**, hay que distinguir si el error ha sido determinante o no, ya que si el motivo de la exclusión, aun absoluta, o la causa de la desheredación, expresados en el título sucesorio, son erróneos, pero no han sido determinantes, se tienen por no puestos, pero si han sido determinantes, se producen para los legitimarios de grado preferente las consecuencias de la preterición no intencional.

¿Dónde se regula la preterición y la desheredación en Baleares?

La regulación en las Islas Baleares sobre la preterición y la desheredación es escasa y está dispersa a **lo largo de todo el Decreto Legislativo 79/1990, de 6 de septiembre**, por el que se aprueba el texto refundido de la compilación del Derecho civil de las Islas Baleares.

En concreto, y **en relación con la preterición**, destaca el **artículo 46 del Decreto Legislativo 79/1990, de 6 de septiembre** y la **D.T. 1.º del propio Decreto Legislativo 79/1990 de 6 de septiembre**, por el que se aprueba el texto refundido de la compilación del derecho civil de las Islas Baleares; en cambio, con respecto a la desheredación, encontramos una breve mención a esta figura en el último párrafo del **artículo 46 Decreto Legislativo 79/1990, de 6 de septiembre**, estipulándose que, para todo lo demás se atenderá a lo contenido en el Código Civil.

El **artículo 46 del Decreto Legislativo 79/1990, de 6 de septiembre**, dispone que la preterición de un legitimario no anulará el testamento, quedando a salvo al preterido el derecho a exigir lo que por legítima le corresponda.

Sin embargo, **la preterición no intencional de hijos o descendientes legitimarios** conferirá al legitimario preterido acción para obtener la anulación del testamento, que **caducará a los cuatro años de la muerte del causante**.

No se producirá este efecto y el preterido solo ostentará derecho a reclamar su legítima:

- Si el testador hubiere instituido únicos herederos a sus hijos, descendientes o cónyuge.
- Si la filiación del preterido resultare de procedimiento judicial de investigación de paternidad iniciado con posterioridad al fallecimiento del causante.
- Si el testador, respetando las legítimas, hubiere ordenado que valga el testamento aun en el supuesto de preterición no intencional.

A modo de ejemplo de preterición no intencional cabe traer a colación la **sentencia de la Audiencia Provincial de Baleares n.º 381/2009, de 6 de noviembre, ECLI:ES:APIB:2009:1429,** que reza el tenor literal siguiente:

«Esta parte no está de acuerdo con lo establecido en el fundamento de derecho segundo de la sentencia apelada, cuando concluye que **"esa nulidad alcanzaría a las cuestiones de contenido patrimonial al objeto de que ambas hijas se encuentren en situación de plena igualdad, pero dejando a salvo el resto de disposiciones testamentarias que, como voluntad inequívoca del testador, deben respetarse en su integridad en la medida que nada tienen que ver con el reparto de su haber hereditario** (artículo 814 que en el peor de los casos, cuando son preteridos todos, lo único que se anulan son las disposiciones de contenido patrimonial, nunca habla del resto de disposiciones que, por lo tanto, deben respetarse).»

En primer lugar porque **el "descuido" del testador ante las nuevas y trascendentales circunstancias, el nacimiento de otra hija, y su imprevisión ante este cambio, da lugar a una falta de voluntad testamentaria en su día,** que conlleva la nulidad del testamento.

En segundo lugar, porque aun admitiendo la tesis del Tribunal al interpretar el artículo 814 del Código civil, de que sólo se anulan únicamente las disposiciones de contenido patrimonial, **debe tenerse en cuenta que la cláusula segunda que implica una administración del patrimonio también debe anularse, porque es de naturaleza patrimonial, ya que se refiere a la "administración de los bienes".** Por consiguiente, al no poderse dudar del carácter exclusivame11te patrimonial de la cláusula segunda, debe anularse siguiendo los fundamentos de la propia sentencia, ya que si no incurriría en una contradicción y una incongruencia al respecto.

Por todo ello, la parte apelante terminó solicitando que se dicte sentencia mediante la que se estime íntegramente el presente recurso de apelación y se revoquen los pronunciamientos de la sentencia de instancia, estimando íntegramente los pedimentos aducidos por esta representación en su escrito de demanda, es decir:

a) Declare nulo el testamento otorgado por el causante D. Nicanor en fecha 14 de agosto de 2000 ante el notario de esta ciudad Doña María Teresa García Vila con el número 1328 de su protocolo, como consecuencia de la preterición no intencional de la heredera forzosa menor Dª Delfina .

b) Declare a la actora y a su hermana Dª Frida, únicas y universales herederas del causante mencionado.

Con condena en costas de la parte demandada apelada.

La representación procesal del Ministerio Fiscal, por su parte, manifestó su oposición al recurso, limitándose a hacer propia la fundamentación de la sentencia apelada.

SEGUNDO.- Entrando ya a resolver los motivos del recurso de apelación, sostiene la apelante no estar de acuerdo con lo establecido en el fundamento de derecho segundo de la sentencia apelada, donde afirma:

"Conforme al art. 47 de la Compilación de Derecho Civil Balear el **efecto de esta preterición no intencional no es otro que, primero, que el preterido puede instar la nulidad del testamento** como sucede en este caso (en el testamento se designa herederos no a los hijos -art. 47.1.º de la Compilación-, sino a una hija concreta, de ahí la acción de nulidad) y, segundo, que esa nulidad alcanzaría a las cuestiones de contenido patrimonial al objeto de que ambas hijas se encuentren en situación de plena igualdad, pero dejando a salvo el resto de disposiciones testamentarias que, como voluntad inequívoca del testador, deben respetarse en su integridad en la medida que nada tienen que ver con el reparto de su haber hereditario (art. 814 que en el peor de los casos, cuando son preteridos todos, lo único que se anulan son las disposiciones de contenido patrimonial, nunca habla del resto de disposiciones que, por lo tanto, deben respetarse). Me estoy refiriendo concretamente a la disposición en la que se designa a los padres del causante como administradores de los bienes de la hija menor Frida . Se trataría, por tanto, de una nulidad relativa o parcial."

Al respecto, considera la Sala que, **a partir de la existencia de una preterición no intencional -documentada en autos, declarada en la sentencia de instancia y no cuestionada en apelación-, ciertamente, no se puede compartir la solución que da el Magistrado-Juez de instancia, y ello habida cuenta de que, conforme al Derecho Balear aplicable, se debe considerar la incompatibilidad de la sucesión testada e intestada, al establecer este principio en el artículo 7 de la Compilación, en el que se prevé que la sucesión intestada sólo podrá tener lugar en defecto de heredero instituido en testamento, siendo aquella incompatible, tanto con la sucesión testada, como con la sucesión contractual.**

Es decir, si bien en el ámbito del Derecho Común los artículos 658 y 764 del Código Civil permiten la concurrencia de la sucesión testada y de la intestada, (…)».

No se considerarán preteridos los descendientes de un descendiente no preterido que hubiese premuerto al testador.

La desheredación hecha sin expresión de causa o por causa cuya certeza no se probare, si fuere contradicha, o que no sea alguna de las previstas en el Código civil, producirá los efectos indicados en el párrafo primero del **artículo 46 del Decreto Legislativo 79/1990, de 6 de septiembre**.

Por último, la **D.T. 1.ª del Decreto Legislativo 79/1990, de 6 de septiembre**, señala que la preterición no intencional de hijos o descendientes, a que se refiere el párrafo 2.º del **artículo 46 del Decreto Legislativo 79/1990, de 6 de septiembre**, sobrevenida por aplicación de las normas constitucionales, no implica la nulidad del testamento otorgado con anterioridad a esta ley, teniendo derecho los preteridos a reclamar únicamente su legítima.

‖ ¿Cuáles son justas causas de desheredar?

Las causas de indignidad recogidas en el apdo. 1 del **artículo 7 bis del Decreto Legislativo 79/1990, de 6 de septiembre**, son también justas causas para desheredar, conforme al apartado 3 de dicho precepto, y son las siguientes:

- Los **condenados en juicio penal por sentencia firme por haber atentado contra la vida o por lesiones graves** contra el causante, su cónyuge, su pareja estable o de hecho o alguno de sus descendientes o ascendientes.

- Los **condenados en juicio penal por sentencia firme por delitos contra la libertad, la integridad moral y la libertad sexual**, si el ofendido es el causante, su cónyuge, su pareja estable o de hecho o alguno de sus descendientes o ascendientes.

- Los **privados por sentencia firme de la patria potestad, tutela, guarda o acogida familiar** por causa que les sea imputable, respecto del menor o discapacitado causante de la sucesión.

- Los **condenados por sentencia firme a pena grave por delitos contra los deberes familiares** en la sucesión de la persona agraviada.

- Los que **hayan acusado al causante de delito para el que la ley señale pena grave**, si es condenado por denuncia falsa.

- Los que **hayan inducido u obligado al causante a otorgar, revocar o modificar las disposiciones sucesorias**, o le hayan impedido otorgarlas, modificarlas o revocarlas.

- Los que **destruyan, alteren u oculten cualquier disposición** mortis causa otorgada por el causante.

- En la **sucesión de las personas con discapacidad, los que no hayan prestado las atenciones debidas** en concepto de alimentos.

¿Dónde se regula la preterición y la desheredación en Cataluña?

La regulación de la preterición y la desheredación en Cataluña se encuentra recogida en la **sección 4.ª del capítulo I (De la legítima) del título V de la Ley 10/2008, de 10 de julio, del libro cuarto del Código Civil de Cataluña**, relativo a sucesiones. En concreto, la citada regulación está contemplada en los **artículos 451-16 a 451-21 del Código Civil Catalán**.

En primer lugar, cabe señalar que el preámbulo de la **Ley 10/2008, de 10 de julio**, expresa que mantiene la legítima como atribución sucesoria legal y límite a la libertad de testar, pero acentúa la tendencia secular a debilitarla y a restringir su reclamación.

Con relación a la desheredación, manifiesta que es destacable la adición de una nueva causa, que es la ausencia manifiesta y continuada de relación familiar entre el causante y el legitimario por causa exclusivamente imputable a este último. A pesar de que, ciertamente, el precepto puede ser fuente de litigios por la dificultad probatoria de su supuesto de hecho, que puede conducir al juzgador a tener que hacer suposiciones sobre el origen de desavenencias familiares, se ha contrapesado este coste elevado de aplicación de la norma con el valor que tiene como reflejo del fundamento familiar de la institución y el sentido elemental de justicia que es subyacente (**sentencia de la Audiencia Provincial de Barcelona n.º 260/2017, de 25 de abril, ECLI:ES:APB:2017:7388**).

A tenor del **artículo 451-16 del Código Civil Catalán** se entiende preterido el legitimario a quien el causante no ha hecho ninguna atribución en concepto de legítima o imputable a esta y que tampoco ha sido desheredado. El legitimario preterido puede exigir lo que por legítima le corresponde.

Si el legitimario preterido es un descendiente del causante que ha nacido o ha devenido legitimario después de haberse otorgado el testamento o un descendiente cuya existencia el causante ignoraba en el momento de testar, tiene acción para que se declaren ineficaces el testamento y, si procede, los codicilos otorgados por el causante, por causa de preterición errónea. Se exceptúan los siguientes casos:

- Si el **causante ha instituido heredero único, en toda la herencia, al cónyuge** o al conviviente en pareja estable.

- Si el **causante ha instituido heredero único, en toda la herencia, a un hijo o a otro descendiente** y en el momento de otorgar testamento tenía más de un hijo o al menos un hijo y una estirpe de hijo premuerto.

- Si la **relación de filiación en virtud de la cual se deviene legitimario** ha quedado legalmente determinada después de la muerte del causante.

El legitimario por derecho de representación solo puede ejercer la acción de preterición errónea si el representado, en caso de haber sobrevivido al causante, hubiera podido hacerlo.

El simple reconocimiento genérico del derecho de legítima a quien corresponda o la atribución de un legado simple de legítima a favor de todos los hijos no excluye el derecho de los legitimarios a ejercer la acción de preterición errónea.

La acción para impugnar el testamento o los codicilos por causa de preterición errónea caduca a los cuatro años de la muerte del testador.

Es importante mencionar el **artículo 422-7 del Código Civil Catalán**, pues, aunque no esté dentro de la sección 4.ª citada anteriormente, hace referencia a la preterición, disponiendo que el testamento puede devenir ineficaz por causa de preterición errónea, a instancia del legitimario preterido, en los casos establecidos por el apdo. 2 del **artículo 451-16 del Código Civil Catalán**. Asimismo, es aplicable a la acción de preterición lo establecido por el **apdo. 3 del artículo 422-3 del Código Civil Catalán**.

Declara sobre la preterición errónea la **sentencia del Tribunal Superior de Justicia de Cataluña n.º 63/2016, de 28 de julio, ECLI:ES:TSJCAT:2016:6068**, en el siguiente sentido:

> «Como es sabido y recuerda la STSJCat 11/2016 de 25 de febrero de 2016, la ausencia de mención del legitimario en el testamento o bien la falta de atribución de cualquier disposición testamentaria a su favor o donación imputable a la legítima, conociendo su existencia, no priva a este de su derecho legitimario, que se considera indisponible y de derecho necesario. Se trata de la preterición intencional que protege el derecho a la legítima y cuyo único efecto es el de su mantenimiento».

El **artículo 451-17 del Código Civil Catalán** contiene las causas de desheredación:

- Las causas de indignidad establecidas por el **artículo 412-3 del Código Civil Catalán**.

- La denegación de alimentos al testador o a su cónyuge o conviviente en pareja estable, o a los ascendientes o descendientes del testador, en los casos en que existe la obligación legal de prestárselos.

- El maltrato grave al testador, a su cónyuge o conviviente en pareja estable, o a los ascendientes o descendientes del testador.

- La suspensión o la privación de la potestad que correspondía al progenitor legitimario sobre el hijo causante o de la que correspondía al hijo legitimario sobre un nieto del causante, en ambos casos por causa imputable a la persona suspendida o privada de la potestad.

- La ausencia manifiesta y continuada de relación familiar entre el causante y el legitimario, si es por una causa exclusivamente imputable al legitimario.

Los requisitos de la desheredación, tal y como los fija el **artículo 451-18 del Código Civil Catalán** son:

- La desheredación debe hacerse en testamento, codicilo o pacto sucesorio.

- Requiere la expresión de una de las causas tipificadas por el **artículo 451-17 del Código Civil Catalán**.

- Designación nominal del legitimario desheredado.

- La desheredación no puede ser ni parcial ni condicional.

RESOLUCIÓN RELEVANTE

Sentencia del Tribunal Superior de Justicia de Cataluña n.º 41/2015, de 25 de mayo, ECLI:ES:TSJCAT:2015:5193

«Tiene razón, en términos generales, el actor cuando afirma que «no tener relación no equivale a tener mala relación», por lo que dicha eventualidad solo podrá ser considerada causa de desheredación tras la entrada en vigor del Llibre 4t del CCCat si es "manifiesta y continuada" y si es " por causa exclusivamente imputable a legitimario" (art. 451-17.2.e CCCat); pero, como aclara el TS respecto de la causa de desheredación contenida en el art. 853.2.ª CC , que según declaramos en nuestra STSJCat 32/2010, de 6 septiembre (FD5), es de contenido idéntico a la recogida en el art. 370.3.º CS, el carácter taxativo y sin posibilidad de analogía ni de interpretación extensiva de la enumeración de causas de desheredación, " no significa que la interpretación o valoración de la concreta causa, previamente admitida por la ley, deba ser expresada con un criterio rígido o sumamente restrictivo" (STS1 258/2014 de 3 jun . FD2§3 y, en el mismo sentido, STS1 59/2015 de 30 ene FD2§2).A los efectos anunciados, estamos de acuerdo con el TS, por un lado, en que los malos tratos o injurias graves de palabra, como causas justificadas de desheredación y de acuerdo con su naturaleza, deben ser objeto de una " interpretación flexible conforme a la realidad social, al signo cultural y a los valores del momento en que se producen ", y, por otro lado, en que en la actualidad, el maltrato psicológico, como " acción que determina un menoscabo o lesión de la salud mental de la víctima ", debe considerarse comprendido en la expresión o dinamismo conceptual que encierra el maltrato de obra como causa de desheredación, tanto porque así lo exige nuestro sistema de valores constitucional, basado en " la dignidad de la persona como germen o núcleo fundamental de los derechos constitucionales (art. 10 CE) "; como porque así viene requerido por el ordenamiento jurídico en su integridad, según se desprende del reconocimiento de la figura que, con vocación expansiva, se efectúa en el campo de la legislación especial (Ley Orgánica 1/2004, de protección in-

> *tegral de la violencia de género); como, finalmente, porque así lo precisa el principio de conservación de los actos y negocios jurídicos reconocido por la jurisprudencia del TS y de esta Sala, " no solo como canon interpretativo, sino también como principio general del derecho (STS 827/2012 de 15 enero) con una clara proyección en el marco del Derecho de sucesiones en relación con el principio de favor testamenti (STS 624/2012 de 30 octubre)"».*

Dejan sin efecto la desheredación la reconciliación del causante con el legitimario que ha incurrido en causa de desheredación, siempre y cuando sea por actos indudables, y el perdón concedido en escritura pública, independientemente de si la reconciliación o el perdón son anteriores o posteriores a la desheredación. La reconciliación y el perdón son irrevocables, según el artículo 451-19 del Código Civil Catalán.

El **artículo 451-20 del Código Civil Catalán** aborda lo relativo a la impugnación de la desheredación, destacando la idea de que la carga de la prueba corresponde al heredero cuando el legitimario haya impugnado la desheredación por inexistencia de la causa.

La desheredación es injusta en los siguientes casos (**artículo 451-21 del Código Civil Catalán**):

- Si no se cumplen los requisitos establecidos por el **artículo 451-18 del Código Civil Catalán**.
- Si no llega a probarse la certeza de la causa, en caso de que el legitimario la contradiga.
- Si el causante se había reconciliado con el legitimario o lo había perdonado.
- El legitimario desheredado injustamente puede exigir lo que por legítima le corresponde.

¿Dónde se regula la desheredación en Galicia?

La regulación de la preterición y el desheredamiento en Galicia se encuentra recogida en la **sección 4.ª del capítulo V (De las legítimas) del título X de la Ley 2/2006, de 14 de junio, de derecho civil de Galicia** (LDCG, en adelante). En concreto, habrá que estar a lo contemplado en los **artículos 258 a 266**.

El **artículo 258 de la LDCG**, comienza señalando que la preterición intencional de un descendiente no afecta a la validez de las disposiciones por causa de muerte.

El legitimario solo tendrá derecho a percibir su legítima conforme a las reglas de la **Ley 2/2006, de 14 de junio**. Lo mismo se entenderá en el caso de preterición del cónyuge, sea intencional o no.

Si bien, el citado artículo establece los efectos de la preterición, pero no concretan los elementos esenciales de tal institución, como si la expresión tuviera un significado obvio y unívoco, así lo entiende la **Audiencia Provincial de Pontevedra en su sentencia n.º 74/2024, de 15 de febrero, ECLI:ES:APPO:2024:278**:

> «El supuesto más claro de preterición surgirá con la falta absoluta de mención de los legitimarios (o alguno o algunos de ellos) en el testamento, sin

que, además, el causante haya dejado nada por actos inter vivos a los omitidos. De haberse mencionado en el testamento al solo efecto de indicar que ya en vida se le donaron bienes, no existiría preterición: la donación se imputará, según el párrafo primero del artículo 819 del código civil, a su legitima.

(...)

En el exponendo IV de dicho documento público se hacía constar que las fincas en cuestión eran de carácter ganancial. Desconocemos si con las adjudicaciones realizadas (que se correspondían con parte de los derechos de su madre y parte con los de su padre) se cubría la legitima de Doña Remedios desde el momento en que no consta realizada la partición de la herencia ni la liquidación de la sociedad ganancial; habría de analizarse si la entrega de bienes en la cuantía que se indica es inferior a lo que por dicho concepto pudiera corresponderle, pues sabido es que las donaciones hechas a los hijos, que no tengan le concepto de mejora,

han de imputarse a su legítima, y así lo proclama, en su párrafo primero el artículo 819 del Código Civil (EDL 1889/1).

En este punto, la demandante se ha limitado a alegar que "se ha dado por pagada la legitima con la adjudicación de la herencia de su madre, sin ajustarse a las condiciones expresamente reguladas en el Código Civil, y sin haber recibido atribución alguna en dicho concepto". Sin embargo, ni interesa la nulidad de la cláusula testamentaria a cuya virtud su padre nada le deja por considerar satisfechos sus derechos hereditarios, ni se solicita el complemento de legitima ex artículo 815 de la misma Ley sustantiva, que le faculta para pedir la integridad de esa porción hereditaria cuando el testador le haya privado de parte de ella. Tampoco se articula medio de prueba alguno a fin de justificar dicho extremo (la insuficiencia de la legitima que le correspondería).

En definitiva, **no existe preterición, ni intencional ni errónea, porque la demandante es mencionada en el testamento con expresa referencia a que sus derechos hereditarios ya habían sido satisfechos y, en consecuencia**, se impone la desestimación del recurso y la confirmación de la sentencia de instancia».

A tenor del **artículo 259 de la LDCG**, la preterición no intencional de un legitimario descendiente faculta a la persona preterida para obtener la declaración de nulidad de la institución de heredero hecha en testamento. Las demás disposiciones testamentarias y los pactos sucesorios serán válidos en cuanto su reducción no sea necesaria para el pago de las legítimas.

La preterición no intencional de todos los legitimarios descendientes producirá, a instancia de cualquiera de ellos, la nulidad de las disposiciones testamentarias de contenido patrimonial.

Las apartaciones y los pactos de mejora solo se reducirán si fuera necesario para el pago de las legítimas.

Si los preteridos concurrieran a la partición con los instituidos la preterición no intencional no producirá los efectos a que se refiere el **artículo 259 de la LDCG**; así lo determina el **artículo 260 de la LDCG**.

Los descendientes de otro descendiente que no fuera preterido representarán a este en la herencia del ascendiente y no se considerarán preteridos (**artículo de la 261 LDCG**).

El **artículo 262 de la LDCG**, aborda el supuesto de la desheredación indicando que el desheredamiento justo de un legitimario priva a este de su legítima. Para que sea justo, el desheredamiento habrá de hacerse en testamento, con expresión de la causa del mismo. Corresponde al heredero del testador la carga probatoria en caso de que la persona desheredada la negara.

Las causas justas de desheredamiento las contiene el **artículo 263 de la LDCG**, que son las siguientes:

- **Haberle negado alimentos a la persona testadora.**
- **Haberla maltratado de obra o injuriado gravemente.**
- **El incumplimiento grave o reiterado de los deberes conyugales.**
- **Las causas de indignidad expresadas en el artículo 756 del Código Civil.**

La persona desheredada injustamente conserva su derecho a la legítima, según el **artículo 264 de la LDCG**.

El **artículo 265 de la LDCG** establece que, si el ofensor y el ofendido se reconciliasen, este último quedaría privado de su derecho a desheredar, dejando sin efecto el desheredamiento ya hecho.

Por último, **las acciones a causa de la preterición o desheredamiento injusto se extinguen por caducidad a los cinco años de la muerte del causante (artículo 266 de la Ley 2/2006, de 14 de junio)**.

Un ejemplo, de esta regulación se encuentra en la **sentencia de la Audiencia Provincial de Ourense n.º 366/2012, de 4 de octubre, ECLI:ES:APOU:2012:692**, que declara que la preterición del actor en el testamento otorgado por su padre el 3 de diciembre de 2007 fue intencional y, en consecuencia, reconoce su derecho a percibir la cuarta parte del haber líquido de la herencia. Se alza frente al pronunciamiento la parte actora. Denuncia error en la valoración de la prueba por entender que del conjunto de las practicadas resulta el carácter no intencional de la preterición.

Así, pues, la cuestión controvertida, puramente fáctica, se reduce a determinar si la omisión del actor fue querida o no por el testador, determinación con indudables consecuencias prácticas.

El primer caso, equiparado por el legislador a la desheredación injusta, supone que el testador sea consciente de la existencia del legitimario y, pese a ello, decida no dejarle nada. Produce como efecto el mantenimiento de las disposiciones testamentarias, sin otra alteración que el reconocimiento de los derechos legitimarios. La preterición no intencional conlleva la nulidad de la institución de heredero y reducción de las demás disposiciones testamentarias y pactos sucesorios que impidan el pago de la legítima (**artículos 258 y 259 de la LDCG**).

En la demanda formulada por el actor en el mes de diciembre de 2008, en reclamación de la filiación paterna, se narran las visitas y encuentros que aquel mantuvo con sus tíos y primos, iniciados a instancia de estos en el año 2002 para conocerle. Igualmente, el encuentro posterior con su padre hasta que este rompió todo tipo de comunicación y se negó reiteradamente a reconocer su condición de progenitor. Se viene a admitir, pues, que el padre conocía la existencia del actor, al igual que el tío paterno y la esposa e hijos de estos, lo cual viene a coincidir con las manifestaciones de los dos testigos propuestos en el sentido de que todo el pueblo sabía que el actor era hijo del testador. Se trata de pruebas idóneas, de las que racionalmente cabe concluir como lo hace la juzgadora de la instancia y que no han sido desvirtuadas por los elementos y argumentación vertida en el recurso.

La contestación a la indicada demanda se limita a una postura defensiva, no afirma ni niega la paternidad y no excluye los hechos admitidos por el actor en la demanda de filiación, de los que resulta el conocimiento de su existencia y condición de hijo del fallecido. La sentencia toma en consideración también los testimonios recabados que no se limitan a dar pábulo a habladurías populares, sino que refieren también la reacción del fallecido al ser preguntado sobre su supuesta paternidad.

Las afirmaciones que el padre del apelante efectúa en el testamento en el sentido de que es soltero y sin descendientes no sirven de apoyo a la tesis actora. Antes, al contrario, son de todo punto acordes con el carácter intencional de la preterición (omite aludir a quién sería legitimario). Si antes de otorgar testamento el testador admitía la posibilidad de que el recurrente fuese su hijo (no otra cosa resulta de su contestación a la demanda de filiación y hechos en esta admitidos), pudo prever la eventualidad de un reconocimiento de filiación y efectuar las disposiciones oportunas para este supuesto, siendo la omisión indicativa del deseo de marginar al apelante de modo consciente.

¿Dónde se regula la desheredación y la preterición en la Comunidad Foral de Navarra?

Desheredación	Ley 270 de la Ley 1/1973 de 1 de marzo, por la que se aprueba la Compilación del Derecho Civil Foral de Navarra.
Preterición	Ley 271 de la Ley 1/1973 de 1 de marzo, por la que se aprueba la Compilación del Derecho Civil Foral de Navarra.

En primer lugar, cabe señalar que, en la Comunidad Foral de Navarra **existe total libertad para desheredar**. No existe la obligación de dejar legítima a los hijos, sin embargo, la **ley 267 de la Ley 1/1973 de 1 de marzo**, por la que se aprueba la Compilación del Derecho Civil Foral de Navarra, contempla una legítima a modo simbólico del siguiente modo:

> «La legítima navarra, tradicionalmente consistente en la atribución de "cinco sueldos 'febles' o 'carlines' por bienes muebles y una robada de tierra en los montes comunes por inmuebles", no tiene contenido patrimonial exigible ni atribuye la cualidad de heredero, y el instituido en ella no responderá en ningún caso de las deudas hereditarias ni podrá ejercitar las acciones propias del heredero».

Es decir, en caso de que se quiera desheredar a alguien, únicamente habrá que utilizar la anterior fórmula sin alegar ninguna causa para justificar tal desheredación.

¿Cuáles serán justas causas para desheredar en la Comunidad Foral de Navarra?

Conforme a la **Ley 270 de la Ley 1/1973, de 1 de marzo**, cabe citar:

- El **condenado en sentencia firme por haber atentado contra la vida** o por haber causado lesiones graves al disponente o causante, su cónyuge o persona con la que conviva en pareja estable o a alguno de sus descendientes, ascendientes o hermanos.

- El **condenado en sentencia firme por haber ejercido habitualmente violencia física o psíquica** en el ámbito familiar al disponente o causante o a alguna de las personas a que se refiere el punto anterior.

- El **condenado en sentencia firme por delitos contra la libertad, la integridad moral y la libertad e indemnidad sexual**, si el ofendido es el disponente o causante o alguna de las personas referidas los dos puntos anteriores.

- El **condenado por denuncia falsa o falso testimonio** por haber acusado o prestado declaración en proceso judicial frente al disponente o causante por delito para el que la ley señala pena grave.

- El que **no hubiere prestado las atenciones jurídicamente debidas a una persona con discapacidad cuando se trate de la adquisición de sus bienes o derechos**.

- La **comisión de cualquier delito, la causación de un daño o la realización voluntaria de una conducta socialmente reprobable** contra la persona o bienes del causante o contra personas integrantes de su grupo o comunidad familiar o de sus bienes.

- La **denegación indebida de alimentos al causante o a su cónyuge o pareja estable o a alguno de sus descendientes** en los casos en que exista obligación legal de prestárselos.

¿Qué efectos tiene la preterición?

Tiene por efecto la **nulidad total o parcial** de la institución de heredero, pero deja a salvo las demás disposiciones.

Asimismo, **únicamente podrán ejercitar la acción de impugnación el legitimario preterido o sus herederos**. El preterido o preteridos que la ejerciten únicamente tendrán derecho a la cuota hereditaria que por sucesión legal del causante les hubiera correspondido.

En este caso hay que tener en cuenta, que **nunca se considerarán preteridos los legitimarios** a quienes se contemple en los testamentos no otorgados ante notario aun cuando no se les instituya formalmente en la legítima.

¿Cómo se regula la preterición y desheredación en País Vasco?

La regulación tanto de la preterición como de la desheredación tiene una escasa presencia en la **Ley 5/2015, de 25 de junio, de Derecho Civil Vasco**.

En lo que respecta a la preterición habrá que estar a lo dispuesto en el **apdo. 4 del artículo 48 de la Ley 5/2015, de 25 de junio** y en el **artículo 51 de la Ley 5/2015, de 25 de junio**, mientras que en lo tocante a la desheredación a lo preceptuado en el **artículo 50 de la Ley 5/2015, de 25 de junio**.

Con respecto a la preterición, comienza el **apdo. 4 del artículo 48 de la Ley 5/2015, de 25 de junio** disponiendo que la preterición, sea o no intencional, de un descendiente heredero forzoso, equivale a su apartamiento.

Ya de una manera más amplia, el **artículo 51 de la Ley 5/2015, de 25 de junio** aborda la preterición y establece que el causante podrá disponer de la legítima a favor de sus nietos o descendientes posteriores, aunque vivan los progenitores o ascendientes de aquellos. Además, la preterición de todos los herederos forzosos hace nulas las disposiciones sucesorias de contenido patrimonial.

El heredero forzoso apartado expresa o tácitamente conserva sus derechos frente a terceros cuando el testamento lesione la legítima colectiva.

En lo que concierne a la desheredación, el **artículo 50 de la Ley 5/2015, de 25 de junio** ofrece una breve reseña al respecto, señalando que los hijos premuertos al causante o desheredados serán sustituidos o representados por sus descendientes.

RESOLUCIÓN RELEVANTE

Sentencia del Tribunal de Justicia del País Vasco n.º 4/2024, de 10 de junio, ECLI:ES:TSJPV:2024:1186

«Es decir, que nos encontramos ante una legítima colectiva, no existiendo una obligación legal de dejar a todos los hijos una cuota mínima; de hecho, sería posible apartar de la herencia a todos los hijos e instituir heredero a un descendiente de ulterior grado (art. 51.1 LDCV).

De la simple lectura de la Ley 5/2015 se desprende que no existe la legítima estricta con ese nombre, ni, lo que es más importante, existe una institución que conceptualmente pueda asemejarse a ella, de lo que se deriva, como dice Gorka Galicia [[1] Galicia Aizpurua, Gorka, "Capítulo XVI. Limitaciones a la libertad de disposición por causa de muerte. Régimen Legitimario General. Especialidades en Bizkaia" en la obra colectiva Manual de Derecho Civil Vasco, (2.ª Edición) Barcelona, 2023, p. 383.] que ningún legitimario podrá reclamar a otro por lesión de su (inexistente) legítima estricta... Por tanto, la causante, conforme a la ley que rige su sucesión, podía haber apartado a sus otros descendiente de la herencia, por lo que debemos determinar si la institución como legatarios en la porción de legítima estricta -institución propia del Derecho común y ajena al vasco- supone su apartamiento tácito o si conservan el derecho a recibir la legítima estricta regulada en el Código Civil, que era la norma que regulaba su sucesión en el momento de testar pero no en el momento de su fallecimiento».

ANEXO I.
CASOS PRÁCTICOS

Caso práctico | Efectos de la renuncia a la herencia hecha por heredero forzoso una vez abierta la sucesión

PLANTEAMIENTO

«J», casado con «L», fallece, dejando testamento en el que lega a su cónyuge el usufructo vitalicio de todos sus bienes. Asimismo, lega a sus hijos «M» y «S» (y en defecto y sustitución de cada uno de ellos, a sus respectivos descendientes) por partes iguales la nuda propiedad del tercio de libre disposición, bajo la condición suspensiva de que todos sus legitimarios acepten el gravamen que sobre la legítima implica el usufructo universal a favor de su cónyuge, dejando a la libre voluntad de los legitimarios esta opción y estipulando que, la manifestación en contrario por uno de ellos, bastará para dejar sin efecto el legado, en cuyo caso, el tercio libre pasará a su cónyuge. Instituye herederos universales a sus dos hijos «M» y «S», y en defecto y sustitución, a cada uno de sus respectivos descendientes.

«M», otorga escritura pública de aceptación de herencia de su progenitor, manifestando en dicho documento no aceptar el gravamen sobre la legítima que implica el usufructo universal de la herencia, que habrá de distribuirse y adjudicarse en la forma alternativa prevista en el testamento, pasando a su progenitora la plena propiedad del tercio de libre disposición como legado.

«S» (casada y con cinco hijos) renuncia a la herencia de su progenitor, pura, simple y gratuitamente.

Conforme lo antedicho, se otorga escritura de protocolización del cuaderno particional de la herencia del causante «J» compareciendo: su cónyuge «L» y su hija «M». Posteriormente, los hijos de «S» inician un procedimiento judicial por entender que, en atención al artículo 816 del CC, la renuncia a la legítima llevada a cabo por su progenitora «S» es nula, y no debe afectarles a ellos, pues son herederos forzosos de la renunciante.

¿Qué efectos ha podido producir respecto de sus hijos y descendientes la renuncia de «S»?

RESPUESTA

Los **efectos que la renuncia de la heredera forzosa «S» ha podido producir respecto a sus hijos y descendientes** son estudiados por la Sala de lo Civil del Tribunal Supremo, indicando en su **STS n.º 715/2003, de 10 de julio, ECLI:ES:TS:2003:4886**, lo siguiente:

En primer lugar, reconocen que la renuncia a la legítima en vida del causante es nula, tal y como se desprende del **artículo 816 del Código Civil**, poniendo de relieve que, dicha renuncia, no afectaría a los herederos forzosos de la renunciante, que podrán reclamarla cuando esta muera. Sin embargo, tal y como señala la Sala, dicho supuesto no es el caso de autos, toda vez que **la renuncia a la herencia hecha por la madre de los demandantes, «S», tiene lugar una vez abierta la sucesión por lo que dicha renuncia es válida y, tal y como prevé nuestro ordenamiento jurídico, quien** renuncia por sí lo hace también por su estirpe y, en consecuencia, se incrementan las cuotas que por legítima, individual, corresponden a los demás legitimarios por derecho propio y no por derecho de acrecer.

Así, y aplicando lo expuesto al supuesto contemplado, con respecto de los dos tercios de la herencia que constituyen, en virtud de los **artículos 806** y **807 del Código Civil** la legítima de los herederos forzosos del testador («M» y «S»), al no existir mejora al no haber expresado «J» su voluntad de mejorar, la renuncia pura, simple y gratuita de «S» implica la renuncia por sí y por su estirpe, incrementando la cuota que por legítima individual correspondía a la otra legitimaria, su hermana «M», por derecho propio y no por derecho de acrecer. Ello se desprende del apartado segundo del **artículo 985 del Código Civil** que señala que «Si la parte repudiada fuere la legítima, sucederán a ella los coherederos por su derecho propio, y no por el derecho de acrecer», no pudiendo pues, representarla los descendientes de la renunciante («S»), en virtud de lo dispuesto en el **artículo 929** del mismo texto legal, que solo permite la representación de persona viva, en los casos de desheredación y de incapacidad.

Por ello, explica la Sala, la renuncia del llamado no provoca la representación de su descendencia, ni en una clase de sucesión ni en otra y su estirpe no puede representarle cuando repudia la porción que se le defiere y percibir lo que su ascendiente abdica o no quiere.

Conforme al **artículo 922 del Código Civil**, «si hubiere varios parientes de un mismo grado y algunos no quisieren o no pudieren suceder, su parte acrecerá a los del mismo grado, salvo el derecho de representación cuando pueda tener lugar» pero, tal y como advierten los magistrados del Alto Tribunal, el **artículo 923 del Código Civil** concreta y precisa que «repudiando la herencia el pariente más próximo, si es solo, o si fueren varios, todos los parientes más próximos llamados por la ley, heredarán los del grado siguiente por su propio derecho y sin que puedan representar al repudiante».

Por ello, concluye la Sala que **los descendientes del hijo que renuncia no pueden suceder apoyándose en el derecho de representación**, como ha precisado la doctrina científica y conforme al artículo 981 del Código Civil, «*en las sucesiones legítimas, la parte del que repudia la herencia acrecerá siempre a los coherederos*».

Caso práctico | Supuesto de reparto de herencia entre legitimarios

PLANTEAMIENTO

En octubre de 2010 falleció «A», casada en únicas nupcias, en régimen de gananciales, con «B», de cuyo matrimonio nacieron tres hijos. «A» otorga testamento en el cual legó el usufructo universal y vitalicio de todos sus bienes a su cónyuge y en el remanente instituyó herederos universales a sus tres hijos. De este testamento nunca se ha realizado la escritura de partición de la herencia.

Posteriormente fallece «B», quien deja un testamento en el que lega la legítima estricta que establece el Código Civil por partes iguales a sus hijos «C» y «D», a su otro hijo «E» lo instituye heredero universal del remanente de sus bienes y a «F» (esposa de «E») le lega el ajuar doméstico con cargo al tercio de libre disposición.

Diez meses antes de su fallecimiento, «B» regaló una cantidad de dinero, mediante talones nominativos, a «F» y a sus hijos, con quien «E» mantiene un régimen de separación de bienes.

Fallecido «B» queda extinguido el usufructo que le dejó «A», incrementando en su haber privativo el valor del usufructo que le corresponde en la herencia de aquella.

¿Cómo se distribuyen las herencias de «A» y de «B»?

¿Qué sucede con la cantidad de dinero donada a «F» y a sus hijos? ¿Deben devolver dichas cantidades?

RESPUESTA

En la herencia de «A», una vez fallecido «B» y extinguido el usufructo, heredarán los tres hijos, «C», «D» y «E» por partes iguales.

En la herencia de «B», el tercio de legítima estricta se dividirá en tres partes de modo que, sus hijos «C» y «D» recibirán cada uno una tercera parte de ese tercio. Por otro lado, «F» recibirá lo correspondiente al ajuar doméstico, mientras que a «E» se le atribuye la tercera parte del tercio de legítima estricta correspondiente y el resto del haber hereditario que quede una vez descontado lo que corresponda a «C», «D» y «F».

Por lo que se refiere a las cantidades donadas en vida por «B» a «F» y a sus hijos, hay que tenerlas en cuenta, actualizando su valor al momento del fallecimiento de «B», para calcular el importe de las legítimas. Si bien, respecto de su devolución habrá que analizar el caso concreto, de modo que, si existen bienes o dinero suficiente en la herencia para pagar las legítimas no habrá que traer a colación dichas cantidades donadas. El problema surgirá cuando en la herencia no haya bienes o dinero bastante para cubrir las legítimas, en cuyo caso, se traerán a colación las donaciones efectuadas y se reducirán estas en lo que sea necesario para pagar a los legitimarios.

A título de ejemplo, si el valor de los bienes de la herencia es 12 y las donaciones fueron por un importe de 6, el total de la herencia para calcular la legítima serán 12+6=18, de aquí un tercio se destina a legítima estricta, esto es, 18/3=6, los cuales se van a distribuir entre los tres hijos correspondiendo a cada uno el importe de 2 como legítima estricta. En este caso no cabe reducir las donaciones, pues los valores de la herencia son suficientes para cubrir las legítimas.

Caso práctico | Reparto de vivienda de carácter privativo en herencia *ab intestato*

PLANTEAMIENTO

El causante en el momento de fallecer lo hace casado y con hijos. El haber hereditario es únicamente una vivienda, que no tiene carácter ganancial, sino que es privativa del causante. Además, el causante fallece sin haber otorgado testamento. ¿Cómo se repartirá la herencia?

RESPUESTA

En el presente caso al ser una herencia *ab intestato* y al existir hijos heredarán estos la propiedad de la vivienda a partes iguales y al cónyuge viudo le corresponde el usufructo de un tercio sobre la referida vivienda.

En sentido estricto, el cónyuge viudo únicamente heredaría el uso y disfrute de un tercio de la vivienda, por lo que, en este caso, los hijos podrían exigirle el pago de un alquiler por el uso y disfrute de la parte restante de la vivienda, o incluso vender la vivienda si así lo quisieren, abonándole al cónyuge viudo el valor del usufructo.

Otra opción sería sustituir ese usufructo por una cantidad de dinero o por un lote de bienes.

A la hora de valorar el usufructo, como el mismo es vitalicio, se hará en función de los años del usufructuario, cuanta más edad menor valor tendrá el usufructo. De acuerdo con el **artículo 20 de la Ley 19/1991, de 6 de junio, del Impuesto sobre el Patrimonio**:

> «Los derechos reales de disfrute y la nuda propiedad se valorarán con arreglo a los criterios señalados en el Impuesto sobre Transmisiones Patrimoniales y Actos Jurídicos Documentados, tomando, en su caso, como referencia el valor asignado al correspondiente bien de acuerdo con las reglas contenidas en la presente Ley».

Asi, el **artículo 10.5 apdo. a) de la LITPyAJD** establece que:

> «En los usufructos vitalicios se estimará que el valor es igual al 70 por 100 del valor total de los bienes cuando el usufructuario cuente menos de veinte años, minorando, a medida que aumenta la edad, en la proporción de un 1 por 100 menos por cada año más con el límite mínimo del 10 por 100 del valor total».

Una regla práctica para poder calcular el valor del usufructo vitalicio es restar al número 89 la edad del usufructuario. El resultado de esta operación nos dará el porcentaje del valor del usufructo.

Ejemplo 1: Se constituye un usufructo vitalicio a favor de una persona de 29 años de edad, sobre un piso cuyo valor real es de 200.000 euros.

Valor del usufructo: 89-29: 60%

Base imponible: 200.000 x 60%: 120.000 euros.

Ejemplo 2: Se constituye un usufructo vitalicio a favor de una persona de 82 años de edad sobre un piso cuyo valor real es de 200.000 euros.

Valor del usufructo: 89-82: 7%, pero la ley fija el mínimo en el 10%.

Base Imponible: 200.000 x 10%= 20.000 euros.

Caso práctico | Causas de desheredación de progenitores a hijos (progenitor enfermo e hijo en el extranjero)

PLANTEAMIENTO

Un progenitor enfermo es cuidado durante los últimos años de su vida por dos de sus tres hijos, ya que uno de ellos vive en el extranjero desde hace varios años, sin embargo, ha estado enviando dinero mensualmente a sus hermanos para ayudar a cubrir las necesidades de su progenitor. Una vez fallecido este, ¿tiene derecho a la herencia de su progenitor el hijo residente en el extranjero?

RESPUESTA

Sí, tendrá el mismo derecho a heredar igual que los dos hermanos que han estado cuidando de su progenitor de acuerdo con el **artículo 932 del CC**: «Los hijos del difunto le heredarán siempre por su derecho propio, dividiendo la herencia en partes iguales».

Además, la conducta del hijo que no cuidó al progenitor enfermo por residir en el extranjero, no se encuentra dentro de las causas de desheredación contempladas en el **artículo 853 del CC**, que son, negar alimentos al progenitor sin motivo legítimo y haberle maltratado de obra o injuriado gravemente de palabra, sin perjuicio de las demás previstas en el **artículo 756, números 2, 3, 5 y 6, del CC**.

Con respecto a la negativa de alimentos, este hijo no ha estado colaborando físicamente en el cuidado de su progenitor enfermo, pero sí económicamente, ayudando a sus hermanos a cubrir las necesidades materiales de aquel, por lo que en ningún momento ha negado alimentos a su progenitor. A mayor abundamiento, es necesario señalar que la obligación de dar alimentos no comprende dar cariño, compañía o interés personal.

Por otro lado, conforme al **artículo 849 del CC**, la desheredación únicamente podrá hacerse en testamento, expresando la causa legal en que se funde tal desheredación.

Caso práctico | Desheredación progenitor a hija por falta de relación

PLANTEAMIENTO

Un progenitor deshereda a su hija en testamento sin alegar causa alguna de desheredación, sin embargo, adjunta al testamento dos documentos, la copia de una carta dirigida a su hija manifestando su deseo de iniciar el contacto que no había existido desde que era una niña y la copia de una denuncia por agresión interpuesta contra su hija y que fue archivada. En este caso, ¿será válida la desheredación?

RESPUESTA

Para dar respuesta a este caso resulta interesante la **sentencia del Tribunal Supremo n.º 401/2018, de 27 de junio, ECLI:ES:TS:2018:2492**.

La principal cuestión jurídica que se plantea es la validez de una desheredación cuando el testador, no menciona de manera expresa la causa por la que deshereda a su hija, exigencia esta que deriva del **artículo 848 del CC**.

Si bien, no hace referencia expresa a una causa justa, en este caso, el causante incorporó al testamento abierto dos documentos de los que se puede inferir claramente la concurrencia de una causa legal de desheredación que pretende hacer valer, como es el haber sido maltrato de obra o las injurias graves de palabra proferidas al progenitor, que ambas están relacionadas con la falta de relación entre este último y su hija.

Si bien, al existir una falta de contacto desde que la hija era una niña puede resultar bastante complicado que la misma haya efectuado algún tipo de maltrato contra su progenitor.

Con respecto al maltrato psicológico como causa justa de desheredación, el Tribunal Supremo, entiende que la falta de relación familiar afectiva, es decir, una falta de relación continuada e imputable al desheredado puede ser valorada como causante de unos daños psicológicos. Sin embargo, esta circunstancia no podría tenerse en cuenta en este caso, si tenemos en cuenta, que la falta de relación entre el progenitor y la hija se inició cuando esta era una niña, por lo que la falta de relación familiar no puede imputarse en este caso a la hija, dado que se trataba de una niña.

En conclusión, parece muy improbable en este caso que la causa de desheredación prospere.

En la misma línea, y con cita a la anterior, la **sentencia del Tribunal Supremo n.º 419/2022, de 24 de mayo, ECLI:ES:TS:2022:2068**, señala:

> «En el sistema legal vigente **no toda falta de relación afectiva o de trato familiar puede ser enmarcada, por vía interpretativa, en las causas de desheredación** establecidas de modo tasado por el legislador. Es preciso ponderar y valorar si, en atención a las circunstancias del caso, el distanciamiento y la falta de relación son imputables al legitimario y además han causado un menoscabo

físico o psíquico al testador con entidad como para poder reconducirlos a la causa legal del ‹maltrato de obra› prevista en el art. 853.2.ª CC.

(…)

El legislador sigue manteniendo como **límite a la voluntad del causante la necesidad de expresar una 'justa causa' de desheredación para privar de la legítima a los legitimarios**. Esta sala ha admitido que los tribunales pueden interpretar con arreglo a la realidad social las causas legales de desheredación. Por ello, como afirmamos en la sentencia 401/2018, de 27 de junio, **una falta de relación continuada e imputable al desheredado, ponderando las circunstancias del caso, podría ser valorada como causante de unos daños psicológicos y, en consecuencia, podría encuadrarse en una de las causas de privación de la legítima establecidas por el legislador. Sin embargo, la aplicación del sistema vigente no permite configurar por vía interpretativa una nueva causa autónoma de desheredación basada exclusivamente, sin más requisitos, en la indiferencia y en la falta de relación familiar**, puesto que el legislador no la contempla. Lo contrario, en la práctica, equivaldría a dejar en manos del testador la exigibilidad de la legítima, privando de ella a los legitimarios con los que hubiera perdido la relación con independencia del origen y los motivos de esa situación y de la influencia que la misma hubiera provocado en la salud física o psicológica del causante».

En conclusión, **parece muy improbable en este caso que la causa de desheredación prospere**.

Caso práctico | Nulidad de desheredación a hija del testador porque la causa se basa en una de las dispuestas para la desheredación del cónyuge

PLANTEAMIENTO

«F» otorga escritura pública autorizada por notario en el que en la cláusula tercera dispone que desithereda a su hija «M» por las causas reguladas en el artículo 855.2.º del Código Civil. A su fallecimiento, «M» inicia un procedimiento por el que insta la nulidad de la cláusula referida alegando que esta no cumple los requisitos establecidos en el artículo 849 del Código Civil al indicar que la causa de desheredación es por las reguladas en el artículo 855. 2.º del Código Civil, prevista únicamente para la desheredación del cónyuge, por lo que el testamento adolece de vicio de nulidad al no disponer el testador una de las causas del artículo 853 del Código Civil , previstas para hijos y descendientes.

¿Prosperará su acción de nulidad?

¿Sería posible pretender en el procedimiento judicial la subsanación de lo estipulado en testamento a través de la testifical del notario, al entender que nos encontramos ante un error en la transcripción de la escritura pública, debiendo entenderse que el testador pretendía hacer alusión al artículo 853.2.º del Código Civil (justa causa de desheredación de hijos y descendientes *«Haberle maltratado de obra o injuriado gravemente de palabra»*) en lugar del que se encuentra referido en el testamento, artículo 855.2.º del Código Civil (justa causa de desheredación del cónyuge por haber incurrido este en alguna de las causas previstas para la pérdida de la patria potestad?

RESPUESTA

No, dicho error no podrá ser subsanado mediante la declaración testifical del notario. Así pues, debe declararse la nulidad de la desheredación impuesta a la hija del testador, y ello a consecuencia de que la causa contemplada en testamento como causa de desheredación no se encuentra entre las justas causas de desheredación previstas para hijos y descendientes, sino que el testador realiza la desheredación basándose en una causa que únicamente está contemplada para la desheredación de cónyuges.

Esta es la respuesta dada por la **Audiencia Provincial de Valencia, sentencia n.º 348/2013, de 10 de julio, ECLI:ES:APV:2013:3845,** estiman el recurso de apelación interpuesto por la hija desheredada del testador. Para ello, la Sala justifica conforme sigue:

En primer lugar, y respecto a la posibilidad de que se hubiera producido un error de transcripción en la escritura pública, debiendo entenderse que el testador pretendía hacer alusión al **artículo 853.2.º del Código Civil** (justa causa de desheredación de hijos y descendientes «haberle maltratado de obra o injuriado gravemente de palabra») en lugar del que se encuentra referido en el testamento, el **artículo 855.2.º del CC** (justa causa de desheredación del cónyuge por haber incurrido este en alguna de las causas previstas para la pérdida de la patria potestad) la Sala refiere que **dicho error debería haber sido advertido, de conformidad con lo dispuesto en el artículo 695 del Código Civil, en la lectura del testamento por el notario, y de advertir el error en la indicación de la causa de desheredación debió otorgarse, en su caso, acta complementaria de subsanación u otorgar un nuevo testamento.** Así pues, ponen de manifiesto los magistrados que: «No es admisible como sostiene la parte demandada y acoge la sentencia de instancia que pueda subsanarse un error en un requisito esencial de la desheredación a través del testimonio prestado por el notario autorizante pues la fe pública se extiende, de conformidad con el artículo 1218 del CC, a las declaraciones que hubiesen hecho los otorgantes y la consignada es aplicable solo al cónyuge».

En segundo lugar, la Sala procede a hacer un análisis del contenido del **artículo 849 del Código Civil,** poniendo de manifiesto que este ha sido objeto de interpretación al ser un requisito ad solemnitatem la indicación de la causa legal en que se funda la desheredación y la jurisprudencia se ha pronunciado sobre los supuestos en los que se cumple con la expresión de la causa legal de desheredación, que son:

- Mención de la causa legal, aunque no se precisen los hechos constitutivos, que de ser ciertos podrán ser probados por los herederos, en caso de ser controvertidos y aunque el testador no los haya precisado.

- Cuando se refiera al hecho constitutivo, aunque no se indique la causa legal o varias de las legalmente tipificadas.

- Cuando se señala genéricamente una causa que pueda comprenderse en alguna o varias de las legalmente tipificadas.

- Cuando sin precisar el hecho ni referirse a una causa legal genérica ni específicamente determinada, las palabras con las que el testador se exprese sean suficientemente explícitas para hacer entender que se refirió a hechos ocurridos calificados por la ley como causa de desheredación.

En el caso de autos, dice la Sala, no concurre ninguna de estas circunstancias pues **nos encontramos ante un testamento en el que la causa indicada no se encuentra prevista para hijos y descendientes, sino para el cónyuge, circunstancia esta que no concurre en la desheredada, por lo que procede a estimar el recurso y declara la nulidad de la cláusula primera por infracción del artículo 849 del CC, declarando el derecho de «M» a suceder a su padre como heredera forzosa.**

Caso práctico | El reconocimiento de inexistencia de la causa de desheredación, ¿requerirá el acuerdo de todos los interesados?

PLANTEAMIENTO

«M.L.» fallece en estado de divorciada, dejando dos hijas, llamadas «B» y «M». «M.L.» otorga testamento por el que deshereda a sus dos hijas alegando como causa la prevista en el artículo 853.2.º del CC, es decir, haberle maltratado de obra o injuriado gravemente de palabra, en el sentido de maltrato psicológico por haber incurrido aquellas en conductas que implican menosprecio y abandono familiar reiterado de la testadora, afectada por una grave enfermedad, incompatible con los deberes elementales de respeto y consideración que derivan de la relación jurídica de filiación.

«M.L.» instituye como herederas universales por partes iguales a la Delegación de Córdoba de la Asociación Española contra el Cáncer y a su amiga doña «C». Esta última renuncia pura, simple y gratuitamente a la herencia de la causante, de modo que, su porción acrecería a la otra heredera.

«R» en representación de la Asociación Española contra el Cáncer y como heredera universal de la causante, llega a un acuerdo con «B» y «M», en el sentido de que ante la controversia de si la causa de desheredación es cierta o no, concluyen que no existe, y de común acuerdo deciden otorgar a las desheredadas la legítima correspondiente, en este caso, dos tercios, dejando el tercio restante a la Asociación Española contra el Cáncer.

A este acto han concurrido el excónyuge a efectos de liquidar la sociedad de gananciales, las hijas desheredadas y «R» en representación de la Asociación Española contra el Cáncer.

¿Será válida inscripción de la referida escritura a tenor del acuerdo existente entre las partes de reconocer el derecho a la legítima de las hijas desheredadas?

RESPUESTA

En la resolución del planteamiento expuesto, la **Resolución de la Dirección General de los Registros y del Notariado (actual Dirección General de Seguridad Jurídica y Fe pública) de 3 de octubre de 2019,** no niega que sea posible un acuerdo por el que se reconozca la legítima de los desheredados en caso de que estos hayan negado la certeza de la causa de desheredación, ahora bien, señala que dicho acuerdo, debe ser otorgado **por todos los interesados,** considerando **como tales no solo a la heredera y a las hijas desheredadas, sino también a los descendientes de las hijas desheredadas.**

Mantiene esta posición la DGRN (ahora DGSJFP) en base a que, **partiendo de la eficacia del contenido testamentario,** y en el supuesto de ser justa la desheredación, los descendientes de las desheredadas representarían a estas en la legítima por lo que la privación de eficacia del contenido patrimonial de un determinado testamento exige, a falta de conformidad de todos los afectados, una previa declaración judicial que, tras un procedimiento contencioso instado por quien esté legitimado para ello, provoque su pérdida de eficacia.

Así, la resolución deniega la inscripción de la escritura conforme sigue:

- **Si las desheredadas carecen de hijos y descendientes, deberá manifestarse así expresamente por los otorgantes del precedente documento para proceder a la inscripción interesada.**

- **Si las desheredadas tienen hijos y descendientes, deberá acreditarse (mediante acta de notoriedad o cualquier otro medio de prueba admitido en derecho) quiénes son los mismos, manifestando expresamente que son los únicos hijos y descendientes de la misma y siendo precisa su intervención en la escritura pública** en que se realizan las operaciones particionales de la herencia del causante.

Caso práctico | Falta de pruebas para desheredar

PLANTEAMIENTO

«A» estuvo casado con una mujer de quien se separó por sentencia judicial y con quien tuvo dos hijos, «B» y «C». Años más tarde «A» comienza una nueva relación sentimental con «D».

Desde el divorcio de su primera esposa «A» no tuvo contacto con ninguno de sus dos hijos, por lo que, al otorgar testamento notarial, expuso que, *«desde la fecha de su separación judicial, en la que fue maltratado de obra e injuriado gravemente de palabra por sus citados hijos, no ha tenido relación alguna con éstos, sin que conozca sus domicilios y sin que haya tenido noticia alguna desde aquella fecha, demostrando de esta forma, su desinterés total por las circunstancias particulares del testador en cuanto concierne a su situación personal, de salud y/o económica»* e instituyó heredera universal a su segunda esposa.

Únicamente su hija «B» interpone demanda contra «D», instituida heredera universal por su padre, y solicita en la misma que se declarase la inexistencia de la causa de desheredación alegada por «A».

Cabe añadir que la demandada «D» no se personó.

¿Tendrá éxito la pretensión de «B»? En caso de que sí lo tenga, ¿los efectos de una sentencia estimatoria se extenderán a su hermano «C»?

RESPUESTA

Este caso fue resuelto por el **Tribunal Supremo en su sentencia n.º 556/2023, de 19 de abril, ECLI:ES:TS:2023:1676**.

En este supuesto, el juzgado de primera instancia desestimó la demanda interpuesta por «B» al considerar que la no personación y consiguiente declaración de rebeldía de «D», no supone de ningún modo, ni admisión de los hechos ni allanamiento. A continuación, el juzgado afirmó que los vicios del consentimiento deben probarse y concluyó:

> «Pues bien aplicando la anterior doctrina al supuesto de autos **ninguna prueba existe de concurrir dolo o vicio del consentimiento en la voluntad del testador, ni que no existiese causa de desheredación**, por lo que no puede accederse a la petición formulada por la parte actora al estar carente de prueba que pueda sustentar la impugnación del testamento objeto de autos.
>
> No obstante, el pronunciamiento anterior **no cabe hacer expresa imposición de costas, por no apreciarse mala fe en la interposición de la demanda**».

Ante esta sentencia, «B» interpone recurso de apelación que también fue desestimado por la audiencia provincial que confirmó la sentencia del juzgado de primera instancia y además impuso a la recurrente las costas de la apelación.

Contra la sentencia de la audiencia provincial, «B» interpone recurso de casación ante el Tribunal Supremo fundado en la aplicación incorrecta del **artículo 853.2.° del CC** en relación con los **artículos 850 y 851 del CC**.

El Alto Tribunal en contra de lo dispuesto en la sentencia de la audiencia provincial entiende:

> «Aun cuando tras la separación de sus progenitores y posterior salida del domicilio familiar del padre, que inició otra vida familiar, la demandante no hubiera intentado contactar con él, **la falta de relación no permite afirmar, salvo en el terreno especulativo, la existencia de un maltrato psicológico ni de un abandono injustificado**, sobre lo que **no existe prueba alguna**, prueba que incumbía a la designada heredera, que no se ha personado en el procedimiento, desconociéndose igualmente si el padre realizó algún intento de ponerse en contacto o conocer la situación de su hija».

Por lo que, **en caso de no existir prueba del maltrato, a quien corresponde aportarla es a la pareja de «A» instituida heredera**, que no se ha personado en el procedimiento ni ha aportado prueba alguna.

En cuanto a si la sentencia estimatoria extendería sus efectos al hermano de «B», también desheredado por su padre, el Tribunal Supremo es claro al respecto, y **la respuesta tiene que ser negativa**:

> «Aun cuando en el Código civil la legítima es una institución de derecho necesario que vincula al causante, el legitimario desheredado una vez fallecido el causante tiene la facultad de ejercer la acción de impugnación de desheredación y de reclamación de su legítima, pero es una facultad a la que también puede renunciar. Por ello, **a pesar de que la demandante en sus escritos se refiere también a su hermano, puesto que no actúa en su nombre ni consta que tenga legalmente atribuida su representación, el pronunciamiento de esta sala solo puede afectar a los derechos de la demandante, única que ha ejercitado la acción de desheredación injusta**».

Y, finalmente y de acuerdo con todo lo expuesto anteriormente, nuestro Alto Tribunal en este caso estima el recurso de casación interpuesto por «B»:

> «En consecuencia, **estimamos el recurso de casación y, de acuerdo con lo expuesto, estimamos la demanda y declaramos que no concurre causa de desheredación**, por lo que procede anular la institución de heredera de la demandada en cuanto perjudique la legítima de la demandante, de conformidad con lo dispuesto en el art. 851 CC».

ANEXO II.
FORMULARIOS

Demanda de juicio ordinario en reclamación de legítima por declaración de nulidad de la desheredación

AL JUZGADO DE PRIMERA INSTANCIA DE [LUGAR] QUE POR TURNO CORRESPONDA

Don/Doña [NOMBRE PROCURADOR CLIENTE]**,** procurador/a de los tribunales y de **don/doña** [NOMBRE CLIENTE] en virtud de poder (*apud acta*/notarial) a mi favor conferido, copia que del mismo se acompaña como **documento n.º** [NÚMERO], bajo la dirección letrada de **don/doña** [NOMBRE ABOGADO CLIENTE], colegiado/a núm. [NÚMERO] por el ICA de [LUGAR], ante el juzgado comparezco y, como mejor proceda en derecho,

DIGO

Mediante la presente interponemos **DEMANDA DE ACCIÓN DE RECLAMACIÓN DE LA LEGÍTIMA** contra don/doña [ESPECIFICAR] con DNI [NÚMERO] y domicilio en [ESPECIFICAR] **(1)**, y ello con relación a los siguientes,

HECHOS

PRIMERO.- En fecha [FECHA] falleció don/doña [NOMBRE_CAUSANTE], quien era la madre de mi mandante.

Se acompaña al presente escrito como **documentos n.º** [NÚMERO] a [NÚMERO], libro de familia, certificado de nacimiento de mi mandante, certificado de defunción de la causante y certificado de últimas voluntades de la causante, respectivamente.

SEGUNDO.- Como se puede observar de la lectura del certificado de últimas voluntades, la causante otorgó último testamento el de [FECHA], ante el notario don/doña [NOMBRE_NOTARIO] de [LOCALIDAD] bajo el número de protocolo [NÚMERO_PROTOCOLO].

Toda vez que mi mandante es legitimario de la causante, accedió al testamento de la misma, el cual acompañamos al presente escrito como **documento n.º** [NÚMERO].

TERCERO.- En el referido testamento la causante introdujo la siguiente cláusula por la que se desheredaba a mi representado/a:

[ESPECIFICAR_CLÁUSULA].

Como se desprende del testamento no se refiere de manera expresa la causa de desheredación de mi mandante, por lo que la disposición testamentaria por la que se deshereda a mi mandante es nula, de acuerdo con el **artículo 849 del Código Civil**:

«La desheredación solo podrá hacerse en testamento, expresando en él la causa legal en que se funde».

CUARTO.- Se reclama a través de esta demanda la legítima correspondiente a mi mandante en la herencia de su madre doña [NOMBRE_CAUSANTE], dirigiéndose así la presente demanda contra los ahora demandados **(1)**.

Quedando de este modo pendiente de satisfacción a favor de mi mandante lo que por legítima le corresponde es por lo que mi mandante ejercita la acción de reclamación de legítima que por derecho le corresponde, debiendo ser satisfecha bien en dinero líquido, bien en determinados bienes, por los herederos.

Mi mandante reclamó en reiteradas ocasiones lo que por legítima le corresponde, a los otros herederos, contra quienes se dirige la presente demanda, al principio mediante carta certificada y posteriormente mediante requerimiento notarial, si bien no obtuvo respuesta alguna al inicio de sus reclamaciones, y las dos últimas ha sido en sentido negativo, oponiéndose los demandados a cumplir con su obligación de entrega a mi mandante la parte de legítima que le corresponde.

Se acompaña como **documentos n.º** [NÚMERO] **a** [NÚMERO], respectivamente, los acuses de recibo entregados a mi mandante de las mencionadas cartas, así como los requerimientos notariales enviados por mi representado a los demandados.

A los anteriores hechos le corresponden los siguientes,

FUNDAMENTOS DE DERECHO

I.- JURISDICCIÓN Y COMPETENCIA

Corresponde la sustanciación del presente procedimiento a la jurisdicción civil y tribunales españoles, de conformidad con lo expuesto en los arts. 9, 21 y concordantes de la Ley Orgánica del Poder Judicial (LOPJ).

Es competente el juzgado al que me dirijo, en virtud de lo preceptuado en los artículos 45 y 52.1.4.º de la Ley de Enjuiciamiento Civil **(2)**, por ser el correspondiente al del partido del último domicilio del causante.

II.- CAPACIDAD Y LEGITIMACIÓN

Ambas partes ostentan capacidad y legitimación suficiente a los efectos de ser parte en el presente procedimiento, y ello de conformidad con lo dispuesto en los artículos 6, 7 y 10 de la LEC.

Al respecto de la legitimación, mi mandante proviene de ser legitimario del fallecido, y la del demandado como poseedor sin título de la herencia del finado, titular de mi mandante.

III.- CUANTÍA

Se cuantifica el presente procedimiento en la cantidad de [CANTIDAD EN LETRA] euros, ([CANTIDAD EN NÚMERO] €).

IV.- PROCEDIMIENTO

El presente procedimiento se deberá sustanciar por los trámites del [ESPECIFICAR] y ello en atención a la cuantía del mismo.

V.- POSTULACIÓN Y DEFENSA

Deberán acudir las partes representadas por procurador y asistidas de letrado de conformidad con lo dispuesto en los arts. 23 y 31 de la LEC.

VI.- FONDO DEL ASUNTO

a) De la petición de herencia

La **sentencia del Tribunal Supremo n.º 339/2015, de 23 de junio, ECLI:ES:TS:2015:3154**:

> «(...) en relación con la acción de petición de herencia, si bien no viene regulada en nuestro Código Civil, si que resulta claramente referenciada (artículos 192 , 1016 y 1021 del Código Civil), nos encontramos ante una verdadera

acción que trae causa directa de la propia cualidad del título de heredero, como expresión máxima de su condición, frente a cualquier poseedor de bienes hereditarios que la niegue».

De la propia jurisprudencia se desprende ya no sólo la posibilidad de la presente acción, si no la viabilidad de la misma, y ello en aplicación de lo dispuesto en los artículos 192, 1016 y 1021 del CC.

Concretamente, el **art. 1021 del CC** indica:

> «El que reclame judicialmente una herencia de que otro se halle en posesión por más de un año, si venciere en el juicio, no tendrá obligación de hacer inventario para gozar de este beneficio, y sólo responderá de las cargas de la herencia con los bienes que le sean entregados».

Así, la **Audiencia Provincial de Madrid en su sentencia n.º 143/2017, de 29 de marzo, ECLI:ES:APM:2017:5549**, reza:

> «Por tanto al alcance de la acción de petición de herencia, no sólo se limita al reconocimiento de una persona como heredero frente a otra u otras, sino que también va dirigida a recobrar toda la herencia o parte de ella, y compete al heredero contra todo poseedor que se niega a su entrega».

b) De la nulidad de la cláusula de desheredación

La legítima se configura como un derecho del que solo puede privarse al legitimario de manera excepcional cuando concurra alguna causa de desheredación, el testador debe expresar la causa y al legitimario le basta con negar su veracidad.

En este sentido cabe mencionar la **sentencia del Tribunal Supremo n.º 59/2015, de 30 de enero, ECLI:ES:TS:2015:565**, con el tenor literal siguiente:

> «La sentencia de primera instancia desestimó la demanda en su integridad, por entender que la parte actora no había acreditado que la demandada hubiera influido en su madre en la redacción del testamento de febrero 2009 por el que le desheredaba, ni tampoco que hubiera impedido a su madre hacer otro testamento o revocar éste. Considera, asimismo, que concurre la causa de desheredación del artículo 853.2 CC , al poderse entender comprendida dentro de la expresión que el legislador había utilizado en ese precepto de 'maltrato de obra', la situación existente entre hijo y madre que había llevado a ésta desheredarlo, ya que no sólo le había arrebatado dolosamente todos sus bienes sino que le dejó sin ingresos con los que poder afrontar dignamente su etapa final de vida. Dicho juzgado entendió que no sólo debe considerarse comprendido en dicha causa de desheredación el maltrato físico, sino que igualmente se está refiriendo al maltrato psicológico y que el actor, no ofrece duda, que maltrató psíquicamente y de manera permanente e intensa a su madre desde el 31 diciembre 2003, en que le arrebató su patrimonio, hasta que la misma falleció el 28 abril 2009, sin intención alguna de devolvérselo, más bien al contrario.
> Recurrida en apelación, la sentencia de la Audiencia, con estimación parcial de la demanda interpuesta, revoca parcialmente la anterior resolución en el sentido de declarar la nulidad de la cláusula de desheredación, con la consiguiente reducción de la institución de heredero en cuanto perjudique a la legítima estricta del demandante».

De conformidad con lo previsto en el artículo 851 del Código Civil, nos encontraremos ante una desheredación injusta cuando nos encontremos ante alguno de los siguientes supuestos:

- Desheredación sin expresión de causa alguna.

- Desheredación hecha por causa cuya certeza fuere contradicha por el desheredado, y no se probase, por los herederos del testador, la autenticidad de la misma.

- Desheredación hecha por causa distinta a las señaladas en los artículos 852 a 855 del Código Civil.

De encontrarnos ante uno de estos supuestos, nuestro ordenamiento jurídico prevé la **anulación de la institución de heredero en cuanto perjudique al desheredado.**

El Tribunal Supremo se pronunciaba en su **sentencia n.º 69/1981, de 20 de febrero, ECLI:ES:TS:1981:74**, como sigue:

> «(...) resulta obligado declarar que la alegada desheredación no se ha producido, pues si ésta tiene lugar, en términos generales, cuando por disposición testamentaria se priva a un heredero forzoso del derecho a la legítima que el artículo 806 del Código Civil le reconoce por alguna de las causas que taxativamente señala, en cuanto a los hijos, el artículo 853 de dicho Cuerpo legal, además de las de incapacidad que por indignidad para suceder, pudieran comprenderles de las que establece el artículo 756, conforme dispone el 852, ambos de mencionado Código sustantivo, es visto que en **ninguna de ellas tiene su base la citada cláusula testamentaria, cuya nulidad en la demanda se solicita**, pues en ella, y con claridad, la testadora, madre del recurrente, justifica la razón de no dejar nada a éste por herencia en el testamento ahora impugnado y que no es otra que la de "haberle dado ya mucho más de lo que por legítima acreditaría"».

VII.- COSTAS

En aplicación del art. 394.1 de la LEC, deberán imponerse las costas al demandado.

VIII.- *IURA NOVIT CURIA*

En todo lo no invocado resulta de aplicación el principio *iura novit curia*, plasmado en el párrafo segundo del punto primero del artículo 218 de la Ley Enjuiciamiento Civil, en virtud del cual serán aplicables las demás normas que sean de pertinente, especial o general aplicación, y que el juzgador podrá tener en cuenta de oficio sin necesidad de que hayan sido previamente alegados o invocados por alguna de las partes intervinientes.

Por lo expuesto,

SUPLICO AL JUZGADO:

Que tenga por presentado este escrito, junto con sus copias y documentos adjuntos, los admita, le dé la tramitación legal oportuna y, previos los trámites de rigor, dicte **SENTENCIA, por la que ESTIME la presente demanda DECLARANDO:**

- Que la legítima individual correspondiente a mi mandante asciende a la cantidad de [CANTIDAD] euros más los intereses legales desde la muerte de la causante.

- Que se declare la nulidad de la cláusula del testamento abierto otorgado por don/doña [NOMBRE_CAUSANTE] en fecha [FECHA], en virtud de la cual deshereda a su hijo totalmente don/doña [NOMBRE_CLIENTE].

- Que los demandados están obligados a entregar a mi mandante la anterior cantidad de [CANTIDAD EN LETRA] euros, ([CANTIDAD EN NÚMERO] €) en concepto de legítima de su fallecida madre.
- A pagar a mi representado la cantidad de [CANTIDAD] más los intereses legales desde la muerte de la causante.

Todo ello con imposición de costas a la contraria.

Por ser de justicia en [LUGAR] a [FECHA]

<table>
<tr><td>Ldo.</td><td>Proc.</td></tr>
<tr><td>[NOMBRE LETRADO CLIENTE]</td><td>[NOMBRE PROCURADOR CLIENTE]</td></tr>
</table>

PRIMER OTROSÍ DIGO: siendo intención de esta parte cumplir con todos los requisitos legales, a tenor de lo previsto en el artículo 231 de la Ley de Enjuiciamiento Civil, se solicita se le diere traslado de cualquier defecto que adoleciere la presente demanda, para la inmediata subsanación de la misma.

SUPLICO AL JUZGADO:

Que tenga por efectuada la anterior manifestación a los efectos oportunos.

Por ser de justicia, fecha y lugar *ut supra*.

<table>
<tr><td>Ldo.</td><td>Proc.</td></tr>
<tr><td>[NOMBRE LETRADO CLIENTE]</td><td>[NOMBRE PROCURADOR CLIENTE]</td></tr>
</table>

---

(1) Cabe advertir que, si el actor desheredado cuenta con descendientes, estos también deben ser demandados. Sentencia del Tribunal Supremo n.º 928/1995, de 31 de octubre, ECLI:ES:TS:1995:8001.

(2) Artículo 52.1.4.º de la LEC: «En los juicios sobre cuestiones hereditarias, será competente el tribunal del lugar en que el finado tuvo su último domicilio y si lo hubiere tenido en país extranjero, el del lugar de su último domicilio en España, o donde estuviere la mayor parte de sus bienes, a elección del demandante».

Demanda impugnación de testamento. Desheredación de hijo. Malos tratos o injurias

AL JUZGADO DE PRIMERA INSTANCIA DE
[LOCALIDAD] QUE POR TURNO CORRESPONDA

Don/Doña [NOMBRE_PROCURADOR_CLIENTE], procurador/a de los tribunales, en nombre y representación de don/doña [NOMBRE_CLIENTE], en virtud de [DESCRIPCIÓN] **(1)**, que se acompaña como **documento n.º** [NÚMERO] y bajo la dirección letrada de don/doña [NOMBRE_ABOGADO_CLIENTE], colegiado/a número [NÚMERO] del ICA [LUGAR], ante el juzgado comparezco y, como mejor proceda en derecho,

DIGO

Por medio del presente escrito y en la representación acreditada, interpongo **DEMANDA DE IMPUGNACIÓN TESTAMENTARIA** contra:

- **Don/Doña** [NOMBRE], con dirección en [ESPECIFICAR] y **DNI** [NUMERO], siendo la misma [ESPECIFICAR] **(2)**.

- **Don/Doña** [NOMBRE], con dirección en [ESPECIFICAR] y **DNI** [NUMERO], siendo la misma [ESPECIFICAR].

- **Don/Doña** [NOMBRE], con dirección en [ESPECIFICAR] y **DNI** [NUMERO], siendo la misma [ESPECIFICAR].

Y, todo ello con base en los siguientes,

HECHOS

PRIMERO.- Don/Doña [NOMBRE] contrajo matrimonio con don/doña [NOMBRE] en fecha [ESPECIFICAR], adjuntamos certificado de matrimonio como **documento n.º** [NÚMERO].

De dicho matrimonio nacieron dos hijos, mi mandante don/doña [NOMBRE] y don/doña [NOMBRE].

Adjuntamos libro de familia como **documento n.º** [NÚMERO].

Don [NOMBRE], padre de mi representado/o, falleció en [LOCALIDAD], el [DÍA] de [MES] del [AÑO].

Se acredita este extremo con certificación de defunción expedida por el Registro Civil de [CIUDAD], como **documento n.º** [NÚMERO].

SEGUNDO.- El causante otorgó su último testamento con fecha [FECHA], ante el notario de [COLEGIO_NOTARIO], don/doña [NOMBRE_NOTARIO/A], protocolo n.º [NÚMERO], en el que disponía, entre otras cuestiones, la revocación de todos sus testamentos anteriores.

Se aporta como **documento n.º** [NÚMERO] certificado de últimas voluntades y como **documento n.º** [NÚMERO] copia autorizada del meritado testamento.

TERCERO.- En el testamento referido, ahora impugnado, el causante disponía, entre otras, las siguientes cláusulas:

1.°- Deshereda a su hijo/a [NOMBRE_CLIENTE] por la causa 2.ª del:

[DESCRIPCIÓN].

2.°- Lega a su cónyuge don/doña [NOMBRE_PARTE_CONTRARIA] (codemandada) el tercio de libre disposición además y sin perjuicio de la cuota legal usufructuaria que por ley le corresponda.

3.°- En el remanente de todos sus bienes instituye heredero a su hijo/a don/doña [NOMBRE_PARTE_CONTRARIA] (codemandado), con sustitución vulgar a favor de sus descendientes.

4.°- [ESPECIFICAR] **(3).**

CUARTO.- La causa de la desheredación es la imputación, por el causante al actor, de maltrato y de haberle injuriado gravemente de palabra.

QUINTO.- El/la actor/a contradice dicha afirmación, manifestando de forma expresa que en momento alguno de la vida de su padre ha causado maltrato ni ha proferido injuria alguna.

SEXTO.- Por manifestaciones efectuadas por la madre de mi representado y el hermano del mismo, así como por otros familiares la invocación en testamento de dicha causa de desheredación, deriva de los hechos ocurridos en el periodo comprendido entre [FECHA] y [FECHA].

La realidad es que los referidos hechos ocurrieron en la forma en que a continuación se exponen:

[DESCRIPCION] **(4).**

SÉPTIMO.- La desheredación, por tanto, se ha llevado a cabo por causa cuya certeza, amén de no ser cierta, es contradicha por mi representado y no puede ser probada de contrario.

Ello producirá la declaración de nulidad de la referida cláusula y el derecho de mi patrocinado a suceder como heredero forzoso en la mitad de los bienes y derechos que constituyen la legítima, conformada en este caso y de acuerdo con las disposiciones testamentarias, por las dos terceras partes del haber hereditario, así como el derecho a recibir la parte que como tal legitimario le corresponde y el derecho a intervenir como tal en cualesquiera operaciones particionales del caudal relicto habido al fallecimiento de don [NOMBRE].

A los anteriores hechos les son de aplicación los siguientes,

FUNDAMENTOS DE DERECHO

PRIMERO.- JURISDICCIÓN Y COMPETENCIA

Perteneciendo a la jurisdicción civil la tramitación de la presente causa, es competente el juzgado de primera instancia que por turno corresponda de [CIUDAD] por ser esta ciudad donde tuvo el causante su último domicilio, de acuerdo con lo previsto en el artículo 52.1, apartado 4.°, de la Ley de Enjuiciamiento Civil.

SEGUNDO.- CAPACIDAD Y LEGITIMACIÓN

Está legitimado activamente mi patrocinado por el interés directo que tiene en el objeto del litigio.

Están legitimados pasivamente los demandados en virtud de lo previsto en los artículos 851 y 857 del Código Civil.

TERCERO.- POSTULACIÓN Y DEFENSA

De acuerdo con lo dispuesto en el artículo 31 de la Ley de Enjuiciamiento Civil, don/doña [NOMBRE_CLIENTE], será dirigido por letrado/a.

De igual modo y de acuerdo con lo dispuesto en el artículo 23 de la Ley de Enjuiciamiento Civil, la comparecencia en este procedimiento del actor se lleva a cabo por medio de procurador/a.

CUARTO.- PROCEDIMIENTO

El presente procedimiento se tramitará conforme a las normas que regulan el procedimiento **ORDINARIO** de acuerdo con lo previsto en los artículos 253 y 249, apartado 2, inciso final, de la Ley de Enjuiciamiento Civil.

QUINTO.- CUANTÍA

Por imperativo de lo dispuesto en el artículo 253, apartado 3, de la Ley de Enjuiciamiento Civil, se fija como indeterminada la cuantía de este procedimiento.

SEXTO.- FONDO

a) Causa

En la **sentencia del Tribunal Supremo n.º 258/2014, de 3 de junio, ECLI:ES:TS:2014:2484**, ya se indica:

> «Por lo demás, la inclusión del maltrato psicológico, como una modalidad del maltrato de obra, en la línea de la voluntad manifestada por el testador, esto es, de privar de su legítima a quienes en principio tienen derecho a ella por una causa justificada y prevista por la norma, viene también reforzada por el criterio de conservación de los actos y negocios jurídicos que esta Sala tiene reconocido no solo como canon interpretativo, sino también como principio general del derecho (STS 15 de enero de 2013 , núm. 827/2012) con una clara proyección en el marco del Derecho de sucesiones en relación con el principio de 'favor testamenti', entre otras, STS de 30 de octubre de 2012 , núm. 624/2012».

Siguiendo la referida sentencia, y debiéndose tomar a *sensu contrario* lo dispuesto, pues no se da la concreción en ella determinada:

> «En el presente caso, y conforme a la prueba practicada, debe puntualizarse que, fuera de un pretendido «abandono emocional», como expresión de la libre ruptura de un vínculo afectivo o sentimental, los hijos, aquí recurrentes, incurrieron en un maltrato psíquico y reiterado contra su padre del todo incompatible con los deberes elementales de respeto y consideración que se derivan de la relación jurídica de filiación, con una conducta de menosprecio y de abandono familiar que quedó evidenciada en los últimos siete años de vida del causante en donde, ya enfermo, quedó bajo el amparo de su hermana, sin que sus hijos se interesaran por él o tuvieran contacto alguno; situación que cambió, tras su muerte, a los solos efectos de demandar sus derechos hereditarios».

b) Prueba

Respecto del fondo del asunto se invoca como aplicable el artículo 850 del Código Civil que establece que la **prueba** de la causa de la desheredación **corresponde a los herederos del testador si el desheredado la negare**.

c) Consecuencias

El **artículo 851 del CC** determina que la desheredación hecha sin expresión de causa o por causa cuya certeza, fuere contradicha, no se probare, anulará la institución de heredero en cuanto perjudique al desheredado; pero valdrán los legados, mejoras y demás disposiciones testamentarias en lo que no perjudiquen a dicha legítima

En orden al derecho de mi patrocinado de suceder a su padre como heredero forzoso en la mitad de los bienes, derechos y demás que constituyen la legítima conformada por las dos terceras partes del total del caudal hereditario, se invocan los artículos 823 y ss. del Código Civil, teniendo en cuenta que el testador nada dispone de forma expresa sobre su voluntad de mejorar a ninguno de sus descendientes.

d) Plazo para el ejercicio de la acción

En este sentido nos remitimos a lo expuesto por el Tribunal Supremo que a través de su **sentencia n.º 492/2019, de 25 de septiembre, ECLI:ES:TS:2019:2917**, que declara como doctrina jurisprudencial que la **acción para impugnar la desheredación que se considera injusta está sujeta en su ejercicio al plazo de cuatro años desde que se abre la sucesión y puede ser conocido el contenido del testamento.**

SÉPTIMO.- COSTAS

En aplicación del artículo 394, apartado 1, de la LEC, deberán imponerse las costas al demandado.

OCTAVO.- *IURA NOVIT CURIA*

En todo lo no invocado resulta de aplicación el *principio iura novit curia*, plasmado en el párrafo segundo del punto primero del artículo 218 de la Ley de Enjuiciamiento Civil, en virtud del cual serán aplicables las demás normas que sean de pertinente, especial o general aplicación, y que el juzgador podrá tener en cuenta de oficio sin necesidad de que hayan sido previamente alegados o invocados por alguna de las partes intervinientes.

Por lo expuesto,

SUPLICO AL JUZGADO:

Que habiendo por presentado este escrito, con sus copias, acuerde admitirlo y tener por formulada en nombre de don/doña [NOMBRE_CLIENTE], **DEMANDA EN JUICIO ORDINARIO**, contra don/doña [NOMBRE_PARTE_CONTRARIA], don/doña [NOMBRE_PARTE_CONTRARIA] y don/doña [NOMBRE_PARTE_CONTRARIA] y en su día, y previos los demás trámites de la ley y el recibimiento del proceso a prueba que desde ahora y para su momento procesal oportuno, se digne dictar sentencia por la que estimando íntegramente esta demanda se disponga:

1.º- Declarar nula de pleno derecho la cláusula primera del testamento otorgado con fecha [FECHA], por don [NOMBRE], ante el notario de [COLEGIO_NOTARIO], don [NOMBRE_NOTARIO], protocolo n.º [NÚMERO], con todas las consecuencias legales inherentes a dicha declaración.

2.º- Declarar el derecho del/la actor/a don/doña [NOMBRE_CLIENTE], a suceder a su padre D. [NOMBRE], como heredero forzoso en la mitad de los bienes que constituyen la legítima en la herencia habida al fallecimiento del causante, y que en este caso la conforman dos terceras partes del total de bienes y derechos que integran el caudal relicto, sin perjuicio de los derechos hereditarios de la viuda que se concretan en el usufructo del tercio destinado a mejora.

3.º- Declarar el derecho del/la actor/a a recibir la parte que como heredero legitimario le corresponde en la herencia de su padre y a intervenir como tal heredero en las operaciones de partición que hayan de practicarse respecto de dicha herencia.

Y en consecuencia se condene a los demandados a estar y pasar por estas declaraciones y al pago de las costas causadas en este procedimiento.

Por ser de justicia en [LUGAR] a [FECHA],

Ldo. [NOMBRE_LETRADO_CLIENTE]   Proc. [NOMBRE_PROCURADOR_CLIENTE]

PRIMER OTROSÍ DIGO: Siendo intención de esta parte cumplir con todos los requisitos legales, a tenor de lo previsto en el artículo 231 de la Ley de Enjuiciamiento Civil, se solicita se le diere traslado de cualquier defecto que adoleciere la presente demanda, para la inmediata subsanación de la misma.

SUPLICO AL JUZGADO:

Que tenga por efectuada la anterior manifestación a los efectos oportunos.

Por ser de justicia, fecha y lugar *ut supra*.

Ldo.	Proc.
[NOMBRE LETRADO CLIENTE]	[NOMBRE PROCURADOR CLIENTE]

---

(1) Poder notarial/*Apud acta*.
(2) Se deben demandar a los coherederos y a los propios descendientes del actor sentencia del Tribunal Supremo n.º 928/1995, de 31 de octubre, ECLI:ES:TS:1995:8001.
(3) Especificar las demás cláusulas testamentarias.
(4) En su caso breve exposición de los hechos a los que se refiere la causa de desheredación.

Recurso de apelación contra sentencia de impugnación de testamento por cláusula de desheredación cónyuge

Procedimiento n.º [NÚMERO]

A LA AUDIENCIA PROVINCIAL DE [PROVINCIA]

Don/Doña [NOMBRE PROCURADOR/A CLIENTE], procurador/a de los tribunales, en nombre y representación de don/doña [NOMBRE CLIENTE], con [DNI/CIF/DNI/ CLIENTE], tal y como consta en autos bajo la dirección letrada de don/doña [NOMBRE ABOGADO/A CLIENTE], con número de colegiado/a [NÚMERO], ante la Audiencia comparezco y como mejor proceda en derecho,

DIGO

Que, mediante el presente escrito, en tiempo y forma, venimos a formular **RECURSO DE APELACIÓN** frente a la sentencia n.º [NÚMERO] de fecha [FECHA], de conformidad con el **artículo 458 de la LEC** y con las siguientes:

ALEGACIONES

PREVIA.- En fecha [FECHA] nos ha sido notificada sentencia dictada por el Juzgado de Primera Instancia n.º [NÚMERO] de [LOCALIDAD], dictada en el procedimiento [NÚMERO].

PRIMERA.- La sentencia recurrida recoge como **HECHOS PROBADOS** los siguientes:

I.- Don/Doña [NOMBRE TESTADOR/A], otorgó testamento el [DÍA] de [MES] de [AÑO] ante el/la Notario/a de [LUGAR], don/doña [NOMBRE NOTARIO/A], bajo el número [NÚMERO] de su protocolo.

II.- En el testamento, don/doña [TESTADOR/A] estableció una cláusula de desheredación a través de la cual se deshereda segunda esposa del causante, mi mandante, con la que contrajo matrimonio el [FECHA] en [lugar] en estado civil de viudo. y se instituye heredero/a universal a don/doña su hijo/a don/doña [ESPECIFICAR], segunda esposa del causante con la que contrajo matrimonio el [FECHA] en [lugar] en estado civil de viudo.

III.- El testador al momento del fallecimiento residía en [ESPECIFICAR].

Respetuosamente sostenemos que la sentencia n.º [NÚMERO], de fecha [FECHA] que puso fin al procedimiento [NÚMERO/AÑO] estimando la pretensión del/la demandando/a, perjudica los intereses de mi representado/a, que se ha visto privado/a de la legítima que por ley le correspondía, declarando la cláusula de desheredación justa.

La sentencia ahora recurrida infringe el **artículo 217 de la LEC** en relación con los **artículos 673, 674 y 1265 del CC** y el **artículo 24 de la CE** por error en la valoración de la prueba.

SEGUNDA.- Motivos de apelación

La sentencia de primera instancia declaró que la cláusula de desheredación era válida conforme al **artículo 855.1 del CC.**

La sentencia incurre en la valoración de la prueba y la vulneración de la jurisprudencia del Tribunal Supremo.

Mi mandante, contrajo matrimonio con el causante el [FECHA] y al momento de su fallecimiento dicho matrimonio estaba vigente tal y como acreditó esta parte aportando a la contestación de la demanda certificado de matrimonio como documento n.º [NÚMERO].

La parte contraría alega que mi mandante incurre en la causa de desheredación del **artículo 855.1.ª del CC**: *«1.ª Haber incumplido grave o reiteradamente los deberes conyugales».*

Alega la parte contraria que mi mandante no atendió a los deberes conyugales alegando que las relaciones del matrimonio no eran buenas, hecho que no es relevante a efectos de concurrir incumplimiento grave y reiterado de los deberes conyugales, tal y como señala la **sentencia del Tribunal Supremo n.º 881/2003, de 25 de septiembre, ECLI:ES:TS:2003:5714**:

> «Procede examinar si se da el supuesto legal de desheredación previsto en el número 1.º del artículo 855, que contempla el incumplimiento grave y reiterado de los deberes conyugales. La sentencia de apelación atendió básicamente al relato fáctico contenido en la demanda de separación que planteó el esposo-testador en fecha 1994 y no como debía a las pruebas obrantes en las actuaciones, no habiendo recaído sentencia de separación y sólo auto de 1 de octubre de 1994 de medidas provisionales. No obstante, respetando el «factum" que se establece como demostrado, quedaron acreditadas que las relaciones del matrimonio no eran buenas, pero esto no es relevante a efectos de concurrir incumplimiento grave y reiterado de los deberes conyugales y sí ha de tenerse en cuenta que se sentó como demostrado que la demandante regresó a España en el año 1992, dejando a su marido en Venezuela, el que sufría una grave enfermedad diagnosticada como cáncer maligno, que precisó de dos intervenciones quirúrgicas practicadas el 31 de mayo de 1993 y mayo de 1994, regresando posteriormente a España donde falleció en casa de sus hijos el 29 de enero de 1995».

También interesa a esta parte traer a colación la **sentencia de la Audiencia Provincial de Valencia n.º 265/2022, de 16 de junio, ECLI:ES:APV:2022:2511**, que establece que la causa de desheredación ha de ser grave y estar debidamente acreditada en juicio:

> «Sin embargo, la aplicación del sistema vigente no permite configurar por vía interpretativa una nueva causa autónoma de desheredación basada exclusivamente, sin más requisitos, en la indiferencia y en la falta de relación familiar, puesto que el legislador no la contempla. Lo contrario, en la práctica, equivaldría a dejar en manos del testador la exigibilidad de la legítima, privando de ella a los legitimarios con los que hubiera perdido la relación con independencia del origen y los motivos de esa situación y de la influencia que la misma hubiera provocado en la salud física o psicológica del causante'».

Otro de los motivos que alega la parte contraria es que el causante padecía una grave enfermedad, que precisó de dos operaciones quirúrgicas, alegando que durante tal enfermedad y las operaciones mi cliente no acompañó a su difunto/a esposo/a. Si bien, mi mandante no pudo atender a su marido todo lo que quisiera ya que sus hijos impedían que esta se acercara a su cónyuge, con diferentes amenazas y coacciones.

Aportamos al presente escrito conversaciones de WhatsApp entre mi mandante y la parte contraria como **documento n.º** [NÚMERO].

TERCERA.- Prueba

[DESCRIPCIÓN DE LA PRUEBA SOLICITADA] documento que no puedo aportarse en la primera instancia debido a [MOTIVO].

Con relación a la prueba en segunda instancia nuestro Alto Tribunal establece en la **STS n.º 1157/2008, de 15 de diciembre, ECLI:ES:TS:2008:7094:**

> «El Art. 460,2.1 LEC permite pedir la práctica de la prueba en segunda instancia en relación con aquellas que «hubiesen sido indebidamente denegadas en primera instancia, siempre que se hubiere intentado la reposición de la resolución denegatoria o se hubiere formulado la oportuna protesta en la vista». De los hechos relatados en el Fundamento anterior, se concluye que la parte ahora recurrente cumplió con los requisitos formales exigidos en este artículo. Sin embargo, la recurrente se refiere a pruebas cuya relevancia resulta sustancial para el pleito, es decir aquellas que hubiesen dado lugar a una decisión diferente si su práctica hubiese sido admitida. Para ello de acuerdo con la doctrina que esta Sala ha venido declarando en relación al antiguo Art. 862 LEC/1881, se requiere que los hechos se hayan producido posteriormente al comienzo del plazo para dictar sentencia o que se trate de hechos que aun habiendo sucedido antes, la parte justifique haberlos conocido con posterioridad. Todo ello, porque en apelación aparece limitada la posibilidad de practicar prueba y la ley sólo la permite en los casos excepcionales previstos en el Art. 460 LEC/2000».

Asimismo, la sentencia del Tribunal Supremo n.º 258/2014, de 3 de julio, establece que la prueba de la causa de desheredación corresponde a los herederos del testador si el desheredado la niega

Por lo expuesto,

SUPLICO A LA AUDIENCIA:

Que tenga por presentado este escrito, lo admita junto con sus documentos y copias, y tenga por interpuesto **RECURSO DE APELACIÓN**, contra la sentencia n.º [NÚMERO] y, previos los trámites legales oportunos, proceda a dictar sentencia acordando revocar la sentencia de instancia, con estimación del recurso de apelación e imposición de costas a la adversa.

Por ser justicia que pido en [LOCALIDAD], a [FECHA].

Ldo.   Proc.

[NOMBRE ABOGADO/A]   [NOMBRE PROCURADOR/A]

Demanda de juicio ordinario en reclamación de legítima por preterición de heredero forzoso

AL JUZGADO DE PRIMERA INSTANCIA DE [ESPECIFICAR]

Don / Doña. [NOMBRE PROCURADOR], procurador/a de los tribunales, actuando en nombre y representación de [NOMBRE], mayor de edad, con DNI [DNI] con domicilio a efectos de notificaciones en [DIRECCIÓN], cuya representación acredito por medio de escritura pública de poder y cuya copia acompaño para su unión a los autos (Documento n.º 1) mediante testimonio con devolución del original, bajo la asistencia letrada de Don/Doña [NOMBRE_ABOGADO_CLIENTE], abogado/a del Ilustre Colegio de [LOCALIDAD], ante el Juzgado comparezco y como mejor proceda en derecho,

DIGO

Que por medio del presente escrito formulo **demanda de juicio declarativo ordinario para el ejercicio de la acción de reclamación de legítima por preterición** frente a D./Dña. [NOMBRE] con DNI [DNI], con base en los siguientes,

HECHOS

PRIMERO.- Que en fecha [FECHA], mi representada fue inscrito el nacimiento de mi representado en el Registro Civil de [LOCALIDAD], estableciendo que su madre era [NOMBRE] con DNI [DNI] y su padre era [NOMBRE] con DNI [DNI], quedando así inscrito en la Sección [ESPECIFICAR], Libro [ESPECIFICAR], página [ESPECIFICAR]. A estos efectos justificativos se aporta certificación de nacimiento emitida por dicho Registro Civil como Documento n.º 2.

SEGUNDO.- Que en fecha [FECHA], falleció [NOMBRE], padre de mi representado en la ciudad de [LOCALIDAD], como se prueba a través del Documento adjunto n.º 3 que es el certificado de defunción.

TERCERO.- Que el causante había otorgado testamento en fecha [FECHA] ante el Notario de [LOCALIDAD] bajo el número de protocolo [NÚMERO], en el cual se instituía único heredero a [NOMBRE] con [DNI], también hijo del padre de mi representado. Se adjunta como Documento n.º 4 el certificado de últimas voluntades y como Documento n.º 5 copia del testamento.

CUARTO.- Que en dicho testamento no se incluía como heredero a mi representado que, dada su condición de hijo del causante, tiene derechos en dicha herencia puesto que no concurre en su persona ninguna de las causas de desheredación o motivo alguno por el que haya de tenerse en cuenta a la hora de repartir los bienes que integran el caudal relicto, en concreto en lo que le corresponde a efectos de legítima.

QUINTO.- Que, en consecuencia, se produjo una situación de preterición con respecto a mi representado regulada en el artículo 814 del CC.

SEXTO.- Que lo expuesto en el anterior apartado fue comunicado al único heredero que contemplaba el testamento, comunicación que fue contestada negando el hecho de que mi representado fuese también hijo del causante.

A los anteriores hechos les resultan de aplicación los siguientes,

FUNDAMENTOS DE DERECHO

PRIMERO.- JURISDICCIÓN Y COMPETENCIA

El conocimiento de este asunto corresponde a la jurisdicción civil ostentando la competencia objetiva y funcional los juzgados de primera instancia en virtud de lo dispuesto en el artículo 85.1 de la LOPJ y 45 de la LEC. En cuanto a la competencia territorial corresponde al Juzgado al que me dirijo ya que, según lo dispuesto en el artículo 52, apartado 1. 4.º de la LEC se establece que «*en los juicios sobre cuestiones hereditarias, será competente el tribunal del lugar en que el finado tuvo su último domicilio y si lo hubiere tenido en país extranjero, el del lugar de su último domicilio en España, o donde estuviere la mayor parte de sus bienes, a elección del demandante*».

SEGUNDO.- LEGITIMACIÓN Y CAPACIDAD

La legitimación activa para la interposición de esta demanda corresponde a mi representado puesto que es hijo del causante, por lo tanto heredero forzoso del mismo, que ha sido omitido en su testamento, es decir, porque ha sido preterido.

La legitimación pasiva corresponde al demanda por ser el único heredero forzoso que ha sido incluido en el testamento.

Por otra parte, mi representado tiene tanto capacidad para ser parte (artículo 6.1.1.º de la LEC) en el presente proceso como para comparecer en juicio (artículo 7 de la LEC) al ser persona física, mayor de edad, en pleno ejercicio de sus derechos civiles y que acude debidamente representado por procurador (artículo 23 de la LEC) y asesorado por abogado (artículo 31 de la LEC). Lo mismo sucede con la parte demandada.

TERCERO.- PROCEDIMIENTO

Este caso ha de sustanciarse por los trámites del procedimiento ordinario al no resultar de aplicación ninguno de los criterios de atribución preferente por razón de la materia dispuestos en los artículos 249 y 250 de la LEC (1) y, a la vista de que este procedimiento se refiere a los derechos de los herederos, no a los bienes o masa patrimonial en concreto, ha de aplicarse la regla del artículo 253, apartado 3 de la LEC.

CUARTO.- FONDO DEL ASUNTO

En lo relativo al ámbito de la legislación aplicable resulta de aplicación fundamental el artículo 814 del CC que dispone, al respecto de la figura de la preterición:

> «La preterición de un heredero forzoso no perjudica la legítima. Se reducirá la institución de heredero antes que los legados, mejoras y demás disposiciones testamentarias.
> Sin embargo, la preterición no intencional de hijos o descendientes producirá los siguientes efectos:
> 1.º Si resultaren preteridos todos, se anularán las disposiciones testamentarias de contenido patrimonial.
> 2.º En otro caso, se anulará la institución de herederos, pero valdrán las mandas y mejoras ordenadas por cualquier título, en cuanto unas y otras no sean inoficiosas. No obstante, la institución de heredero a favor del cónyuge sólo se anulará en cuanto perjudique a las legítimas.
> Los descendientes de otro descendiente que no hubiere sido preterido, representan a éste en la herencia del ascendiente y no se consideran preteridos.
> Si los herederos forzosos preteridos mueren antes que el testador, el testamento surtirá todos sus efectos.
> A salvo las legítimas tendrá preferencia en todo caso lo ordenado por el testador».

Resulta de aplicación lo dispuesto en la **sentencia del Tribunal Supremo n.º 342/2020, de 23 de junio, ECLI:ES:TS:2020:2070:**

> «calificada la preterición como intencional, la cuestión jurídica que se plantea en el recurso de casación versa sobre los derechos de los legitimarios preteridos.
>
> Con arreglo al art. 814 LEC, la preterición intencional de un heredero forzoso "no perjudica la legítima", lo que significa que tiene derecho a percibirla con cargo al caudal, es decir que el legitimario ingresa en la comunidad de herederos como un heredero por la cuota representada por su legítima. Para ello, el precepto ordena que la reducción comience por la institución de heredero antes que los legados, mejoras y demás disposiciones testamentarias [...].
>
> La decisión de la Audiencia coincide con la que propone la doctrina y esta sala ha mantenido cuando el hijo o descendiente preterido intencionalmente concurre con otros hijos o descendientes no preteridos (sentencias 310/1998, de 6 de abril, y 752/2002, de 9 de julio), aplicando a la redacción del art. 814.I CC después de la reforma por la Ley 11/1981, de 13 de mayo, el mismo criterio que se había mantenido ya para la desheredación injusta, para una norma semejante (art. 851 CC), en la sentencia de 23 de enero de 1953. La razón que justifica que solo tenga derecho a la legítima corta el hijo o descendiente preterido intencionalmente que concurre con otros hijos o descendientes del mismo rango es que, contra la voluntad del padre, solo tiene derecho a la legítima estricta, y fuera de ese límite la voluntad del causante es ley de la sucesión (arts. 808 y 675 CC), ya que puede distribuir libremente entre sus descendientes, de ser varios, las porciones previstas en la ley (art. 808 y 823 CC).
>
> Por esta razón, la pauta para interpretar cual es la legítima que la preterición intencional del hijo o descendiente no puede "perjudicar" (art. 814.I CC) debe estarse a las facultades de disposición testamentarias del padre. Por esta razón, frente a los demás legitimarios, el preterido tiene derecho a la legítima estricta, pero frente a los extraños, frente a quienes no sean legitimarios, sus derechos son de dos tercios, tal y como se aplicó, en las sentencias 981/2004, de 7 de octubre, y 613/2010, de 8 de octubre».

Asimismo, la **sentencia del Tribunal Supremo n.º 325/2010, de 31 de mayo, ECLI:ES:TS:2010:2654,** a los efectos de la distinción entre la preterición intencional y la errónea dispone que: *«La intencional se produce cuando el testador sabía que existía el legitimario preterido, al tiempo de otorgar testamento y la no intencional o errónea, cuando el testador omitió la mención de legitimario hijo o descendiente ignorando su existencia, siempre al tiempo de otorgar testamento (así la distinguen las sentencias de 30 de enero de 1995, 23 de enero de 2001 y 22 de junio de 2006). Los efectos son bien distintos: mientras en la intencional se rescinde la institución de heredero en la medida que sea precisa para satisfacer la legítima y si no basta, se rescinden los legados a prorrata, en la errónea de alguno de los hijos o descendientes, se anula la institución de heredero y si no basta, los legados. En todo caso, proclamada artículo 814 del Código civil la preterición de un legitimario no perjudica la legítima, como dice el artículo 813».*

QUINTO.- COSTAS

Se solicita la imposición de costas de acuerdo con lo impuesto en el artículo 394 de la LEC.

SEXTO.- *IURA NOVIT CURIA*

En todo lo no invocado resulta de aplicación el principio *iura novit curia*, plasmado en el párrafo segundo del punto primero del artículo 218 de la Ley de Enjuiciamiento Civil, en virtud del cual serán aplicables las demás normas que sean de pertinente, especial o general aplicación, y que el juzgador podrá tener en cuenta de oficio sin necesidad de que hayan sido previamente alegados o invocados por alguna de las partes intervinientes.

Por todo lo expuesto anteriormente,

SUPLICO AL JUZGADO que teniendo por presentado este escrito, así como los documentos que lo acompañan, se sirva admitirlo a trámite y tenga por formulada demanda de juicio declarativo ordinario contra D./Dña. [NOMBRE] y dicte sentencia por la que declare heredero forzoso del causante a mi representado, y acuerde la reducción de la institución de único heredero forzoso que fue declarada a favor de [NOMBRE], en el testamento de fecha [FECHA] ante el Notario de [LOCALIDAD] bajo el número de protocolo [NÚMERO], en el importe que resulte perjudicial para los derechos y, en concreto, la legítima que le corresponde a mi representado.

Por ser justicia que pido en [LOCALIDAD], a [DÍA] de [MES] de [AÑO].

<table>
<tr><td>Ldo.</td><td>Proc.</td></tr>
<tr><td>[NOMBRE LETRADO CLIENTE]</td><td>[NOMBRE PROCURADOR CLIENTE]</td></tr>
</table>

---

(1) Indicar si procedimiento ordinario o juicio verbal, de conformidad con la cuantía del procedimiento.

Demanda de juicio ordinario de impugnación testamentaria por desheredación injusta (Aragón)

AL JUZGADO DE PRIMERA INSTANCIA de [LUGAR]
QUE POR TURNO DE REPARTO CORRESPONDA

[NOMBRE_PROCURADOR_CLIENTE], procurador/a de los tribunales, en nombre y representación de **D./Dña.** [NOMBRE_CLIENTE], en virtud de [DESCRIPCIÓN], que se acompaña como documento n.º [NÚMERO] y bajo la dirección letrada de D/Dña. [NOMBRE_ABOGADO_CLIENTE], colegiado/a número [NÚMERO] del Ilustre Colegio de Abogados de [LUGAR], ante el juzgado comparezco y, como mejor proceda en derecho,

DIGO

Que por medio del presente escrito y en la representación acreditada, interpongo **DEMANDA DE IMPUGNACIÓN TESTAMENTARIA** contra **D/Dña.** [NOMBRE], con dirección en [ESPECIFICAR] y DNI [NÚMERO], y **D./Dña.** [NOMBRE], con dirección en [ESPECIFICAR] y DNI [NÚMERO], por **DESHEREDACIÓN INJUSTA** con base en los siguientes

HECHOS

PRIMERO.- Que el/la causante es **D./Dña.** [NOMBRE_CAUSANTE], residente hasta el momento de su fallecimiento en [DIRECCIÓN], en la Comunidad Autónoma de Aragón, por lo que su vecindad civil era la aragonesa, tal y como se acredita con el certificado de empadronamiento que aportamos como **documento n.º** [NÚMERO].

SEGUNDO.- El/la causante falleció el pasado [FECHA], habiendo otorgado su último testamento abierto mediante escritura pública en fecha de [FECHA] ante Notario [NOMBRE_NOTARIO] de [LOCALIDAD], bajo el n.º [NÚMERO] de su Protocolo. Adjuntamos certificado de defunción como documento n.º [NÚMERO], certificado de últimas voluntades como documento n.º [NÚMERO] y escritura pública de testamento como documento n.º [NÚMERO].

TERCERO.- Mi mandante es [ESPECIFICAR_PARENTESCO] respecto de la causante y, por tanto, heredero/a forzoso/a de el/la mismo/a.

CUARTO.- El/la testador/a desheredó a mi mandante alegando la siguiente causa:

«Artículo 510 del Código de Derecho Foral de Aragón:
(…)
e) La ausencia manifiesta y continuada de relación familiar entre el causante y el legitimario, si es por una causa principalmente imputable al legitimario». **(1)**

Esta parte niega la certeza de dicha causa por los siguientes motivos:

– [DESARROLLAR]

En conclusión, estamos ante una desheredación injusta.

A los anteriores hechos le resultan de aplicación los siguientes

FUNDAMENTOS DE DERECHO

I.- JURISDICCIÓN Y COMPETENCIA

Perteneciendo a la jurisdicción civil la tramitación de la presente causa, es competente el juzgado de primera instancia que por turno corresponda de [LOCALIDAD] por ser esta ciudad donde tuvo el/la causante su último domicilio, a tenor de lo dispuesto en el artículo 52.4.º de la Ley de Enjuiciamiento Civil.

II.- CAPACIDAD Y LEGITIMACIÓN

Está legitimado activamente mi patrocinado por el interés directo que tiene en el objeto del litigio por ser heredero del causante en su condición de [ESPECIFICAR_PARENTESCO] del/la causante.

III.- POSTULACIÓN Y DEFENSA

De acuerdo con lo dispuesto en el artículo 31 de la Ley de Enjuiciamiento Civil, D./ Dña. [NOMBRE_CLIENTE] será dirigido por letrado.

De igual modo, y en consonancia con lo establecido en el artículo 23 de la Ley de Enjuiciamiento Civil, la comparecencia en este procedimiento del actor se lleva a cabo por medio de procurador.

IV.- PROCEDIMIENTO

El presente procedimiento se tramitará conforme a las normas que regulan el procedimiento ORDINARIO, de acuerdo con lo previsto en el artículo 249.2 de la Ley de Enjuiciamiento Civil, en su inciso final.

V.- CUANTÍA

La cuantía de este procedimiento asciende a [CANTIDAD] euros, calculada conforme a lo dispuesto en el artículo 251.12.º de la Ley de Enjuiciamiento Civil.

VI.- FONDO DEL ASUNTO

a) Desheredación con causa legal

Establece el artículo 509 del Código del Derecho Foral de Aragón que:

> «1. Solo produce los efectos dispuestos en el artículo 511 la desheredación que se funda en una causa legal, cierta y expresada en el pacto o testamento, o en el acto de ejecución de la fiducia.
> 2. La prueba de ser cierta la causa corresponde a los herederos del causante, si el desheredado la niega».

b) Efectos de la desheredación

El artículo 511 del Código del Derecho Foral de Aragón, en relación con los efectos de la desheredación, señala que:

> «1. La desheredación realizada conforme al artículo 509 priva al desheredado de la condición de legitimario y de las atribuciones sucesorias que le correspondan por cualquier título, excepto de las voluntarias posteriores a la desheredación.
> 2. Además, extingue la legítima colectiva si no hubiera otros descendientes que conserven la condición de legitimarios.

3. La reconciliación posterior entre el disponente y el desheredado o el perdón de aquél a éste, privan al disponente del derecho a desheredar y dejan sin efecto la desheredación ya hecha».

c) Error en la causa de desheredación

Apunta el artículo 514 del Código del Derecho Foral de Aragón que *«si el motivo de la exclusión, aun absoluta, o la causa de la desheredación, expresados en el título sucesorio, son erróneos, pero no han sido determinantes, se tienen por no puestos. Si han sido determinantes, se producen para los legitimarios de grado preferente las consecuencias de la preterición no intencional».*

Al respecto dispone la **RDGRN de 23 de mayo de 2012 (2)** lo siguiente:

«La desheredación es una institución mediante la cual el testador, en virtud de un acto o declaración testamentaria expresa, priva voluntariamente de su legítima a un heredero forzoso, en base a una de las causas tasadas establecidas en la Ley. Es decir, la desheredación constituye un acto de voluntad testamentaria de apartar a un legitimario de la sucesión. Pero ha de ser una voluntad no sólo explicitada, sino bien determinada. Esta exigencia de determinación se proyecta en un doble sentido: por una parte impone la expresión de una causa legal, que si no ha de ser probada por el testador, al menos ha de ser alegada como fundamento de la privación sucesoria, ya por referencia a la norma que la tipifica ya mediante la imputación de la conducta tipificada. Y por otra, también requiere la identificación del sujeto, del legitimario, al que se imputa la conducta legalmente relevante para justificar su apartamiento.

3. Aunque la jurisprudencia ha sido flexible en cuando al modo de indicación de la razón de la desheredación, ha de resultar una imputación en términos que no dejen duda de quien incurrió en la causa, o cometió el hecho constitutivo de la misma, evitando las referencias genéricas que, por su ambigüedad, crean inseguridad. Por eso se plantea como un requisito de la desheredación la perfecta identificación del sujeto que sufre la privación de su legítima, al menos con el mismo rigor que se exige para la designación de heredero «por su nombre y apellidos» (cfr. art. 772 del Código Civil). Subsidiariamente habrán de ser perfectamente determinables, por estar designados de manera que no pueda dudarse de quien sea el sujeto afectado.

(...)

6. La desheredación requiere que se le atribuya al desheredado una acción (u omisión) que la Ley tipifique como bastante para privarle de la legítima, y que haya ocurrido antes de que se otorgue el testamento. Pero, en realidad, esta exigencia conlleva, además de la identificación del legitimario afectado y la expresión la causa desheredationis (aunque no que sea preciso inicialmente acreditar su certeza), la existencia del desheredado al tiempo en que se formalice testamentariamente la voluntad de su exclusión y que entonces tenga aptitud para ser excluido. No cabe olvidar que la voluntad del testador debe interpretarse conforme a las circunstancias existentes al tiempo del otorgamiento testamentario, no de su defunción.

7. En efecto, el ámbito del poder de exclusión legitimaria del testador descansa en la imputación al desheredado de una causa legal de desheredación. Por eso es preciso que el desheredado sea susceptible de imputación, esto es, que al tiempo del testamento haya nacido y tenga aptitud o idoneidad para que le sea jurídicamente imputable la conducta que constituye la causa legal de desheredación. Y aunque es cierto que el Código Civil -a diferencia de lo que hizo algún texto legal anterior, como Las Partidas- no expresa ni concreta

la capacidad para ser desheredado, lo que no cabe duda es que se requiere un mínimo de madurez física y mental para que una persona pueda ser civilmente responsable del acto que se le imputa; en el presente supuesto el maltrato de obra o la injuria grave.

8. Es cierto que en nuestro sistema, de conformidad con una reiterada doctrina jurisprudencial, basta para que la desheredación sea eficaz la simple expresión testamentaria de la causa legal, o de la conducta tipificada como tal, que se imputa al sujeto desheredado, sin que, a diferencia de lo que ocurre con la indignidad, sea precisa ex ante la prueba de la certeza de la causa desheredationis. Esta prueba sólo se impone, a cargo del favorecido por la desheredación, cuando el privado de la legítima impugnase la disposición testamentaria. En consecuencia, cabe reconocer que con carácter general en el ámbito extrajudicial gozarán de plena eficacia los actos y atribuciones particionales que se ajusten al testamento, aunque conlleven exclusión de los derechos legitimarios, mientras no tenga lugar la impugnación judicial de la disposición testamentaria que priva de la legítima.

Sin embargo, esta doctrina no empece para que se niegue ab initio eficacia a las desheredaciones que no se funden en una causa de las tipificadas en la Ley, o que se refieran a personas inexistentes al tiempo del otorgamiento del testamento, o a personas que, de modo patente e indubitado (por ejemplo un recién nacido) resulte que no tienen aptitud ni las mínimas condiciones de idoneidad para poder haber realizado o ser responsables de la conducta que se les imputa. También debe poder deducirse del título de la sucesión, o del documento atributivo de la herencia, la aptitud genérica del desheredado para serlo».

De todo lo anterior se deduce que corresponde a los demandados la prueba de la certeza de la causa de desheredación que esta parte niega.

VII.- COSTAS

En aplicación del artículo 394.1 de la Ley de Enjuiciamiento Civil deberán imponerse las costas al demandado.

Por lo expuesto,

AL JUZGADO SUPLICO que habiendo por presentado este escrito, con sus copias, acuerde admitirlo y tener por formulada en nombre de D./Dña. [NOMBRE_CLIENTE], **DEMANDA EN JUICIO ORDINARIO**, contra D./Dña. [NOMBRE_PARTECONTRARIA] y D./Dña. [NOMBRE_PARTECONTRARIA], y en su día, y previos los demás trámites de Ley y el recibimiento del proceso a prueba que desde ahora y para su momento procesal oportuno, se digne dictar sentencia por la que estimando íntegramente esta demanda declare **INJUSTA** la causa de desheredación y declare el derecho de mi mandante a la legítima, condenando a los demandados a la restitución de los bienes de la herencia en la cuantía necesaria para cubrir la legítima de mi mandante. Todo ello con expresa imposición de costas a la adversa.

Por ser de justicia en [LUGAR] a [DÍA] de [MES] de [AÑO].

Ldo.   Proc.
[NOMBRE LETRADO CLIENTE]   [NOMBRE PROCURADOR CLIENTE]

PRIMER OTROSÍ DIGO. Siendo intención de esta parte cumplir con todos los requisitos legales, a tenor de lo previsto en el artículo 231 de la Ley de Enjuiciamiento Civil, se solicita se le diere traslado de cualquier defecto que adoleciere la presente demanda, para la inmediata subsanación de la misma.

SUPLICO AL JUZGADO que tenga por efectuada la anterior manifestación a los efectos oportunos.

Por ser de justicia que pido en fecha y lugar *ut supra*.

Ldo.   Proc.

[NOMBRE LETRADO CLIENTE]   [NOMBRE PROCURADOR CLIENTE]

---

(1) La causa de desheredación alegada, contemplada en el artículo 510 del Código del Derecho Foral de Aragón, es una novedad introducida por la Ley 3/2024, de 13 de junio, de modificación del Código de Derecho Foral de Aragón en materia de capacidad jurídica de las personas.

(2) La Dirección General de los Registros y el Notariado pasó a denominarse en enero de 2020 «Dirección General de Seguridad Jurídica y Fe Pública».

Demanda de juicio ordinario de impugnación testamentaria por desheredación injusta (Galicia)

AL JUZGADO DE PRIMERA INSTANCIA DE [LUGAR]
QUE POR TURNO CORRESPONDA

Don/Doña [NOMBRE PROCURADOR/A CLIENTE], procurador/a de los tribunales y de don/doña [NOMBRE CLIENTE] en virtud de poder (*apud acta*/notarial) a mi favor conferido, copia que del mismo se acompaña como **documento n.º** [NÚMERO], bajo la dirección letrada de don/doña [NOMBRE ABOGADO/A CLIENTE], colegiado/a n.º [NÚMERO] por el ICA de [LUGAR], ante el juzgado comparezco y, como mejor proceda en derecho,

DIGO

Mediante la presente interponemos **DEMANDA DE ACCIÓN DE RECLAMACIÓN DE LA LEGÍTIMA** contra don/doña [ESPECIFICAR] con vecindad civil gallega, DNI [NÚMERO] y domicilio en [ESPECIFICAR] **(1)**, y ello con relación a los siguientes,

HECHOS

PRIMERO.- Don/Doña [NOMBRE CAUSANTE] contrajo matrimonio con don/doña [NOMBRE] en fecha [ESPECIFICAR], adjuntamos certificado de matrimonio como **documento n.º** [NÚMERO].

Don/Doña [NOMBRE CAUSANTE] tiene vecindad civil gallega tal y como acreditamos con el certificado que adjuntamos a la presente como **documento n.º** [NÚMERO].

De dicho matrimonio nacieron dos hijos/as, mi mandante don/doña [NOMBRE CLIENTE] y don/doña [NOMBRE PARTE CONTRARIA].

Adjuntamos libro de familia como **documento n.º** [NÚMERO].

Don/Doña [NOMBRE], padre/madre de mi representado/o, falleció en [LOCALIDAD], el [DÍA] de [MES] del [AÑO]. Se acredita este extremo con certificación de defunción expedida por el Registro Civil de [CIUDAD], como **documento n.º** [NÚMERO].

SEGUNDO.- El/La causante otorgó su último testamento con fecha [FECHA], ante el notario/a de [COLEGIO NOTARIO/A], don/doña [NOMBRE NOTARIO/A], bajo el número de su protocolo n.º [NÚMERO], en el que disponía, entre otras cuestiones, la desheredación de su hijo/hija [NOMBRE CLIENTE] por la causa 1.ª del **artículo 263 de la Ley 2/2006, de 14 de junio**: haberle negado alimentos a la persona testadora.

Se aporta a la presente copia autorizada del meritado testamento como **documento n.º** [NÚMERO] y certificado de últimas voluntades como **documento n.º** [NÚMERO].

TERCERO.- En cuanto a la cláusula de desheredación que afecta a mi mandante es completamente injusta, pues [NOMBRE CLIENTE] en ningún momento le ha negado alimentos a su progenitor/a.

Mi representado/a desde [FECHA] vive fuera del país, en [ESPECIFICAR], por motivos laborales, si bien, en cuanto su progenitor/a cayó enfermo este se preocupó en todo momento por su estado y las necesidades que el mismo podría tener, realizándole a su hermano/a una transferencia bancaria por importe de [ESPECIFICAR] para que pudiera asumir los gastos que requerían el cuidado de [NOMBRE CAUSANTE].

La cantidad total de las transferencias realizadas a la cuenta bancaria [ESPECIFICAR] de la que es titular [NOMBRE PARTE CONTRARIA] ascienden a [ESPECIFICAR CANTIDAD] euros.

Adjuntamos a la presente justificantes de las referidas transferencias como **documento n.º** [NÚMERO].

CUARTO.- Referido lo anterior, entendemos que es posible que lo mentado en el testamento fuera raíz de la intervención de un/una tercero/a interesado/a en la herencia, hoy demandado/a, el/la cual, en el momento procesal, deberán acreditar la realidad de la disposición ahora impugnada.

QUINTO.- La desheredación, por tanto, se ha llevado a cabo por causa cuya certeza, amén de no ser cierta, es contradicha por mi representado/a y no puede ser probada de contrario. Ello producirá la declaración de nulidad de la referida cláusula y el derecho de mi patrocinado/a a suceder como heredero/a forzoso en la parte que le corresponde [ESPECIFICAR] y el derecho a intervenir en cualesquiera operaciones particionales del caudal relicto habido al fallecimiento de don/doña [NOMBRE].

A los anteriores hechos le corresponden los siguientes,

FUNDAMENTOS DE DERECHO

I.- JURISDICCIÓN Y COMPENTENCIA

Corresponde la sustanciación del presente procedimiento a la jurisdicción civil y tribunales españoles, de conformidad con lo expuesto en los **arts. 9, 21 y concordantes de la Ley Orgánica del Poder Judicial (LOPJ).**

Es competente el juzgado al que me dirijo, en virtud de lo preceptuado en los **artículos 45 y 52.1.4.º de la Ley de Enjuiciamiento Civil (2)**, por ser el correspondiente al del partido del último domicilio del causante.

II.- CAPACIDAD Y LEGITIMACIÓN

Ambas partes ostentan capacidad y legitimación suficiente a los efectos de ser parte en el presente procedimiento, y ello de conformidad con lo dispuesto en los **artículos 6, 7 y 10 de la LEC.**

Al respecto de la legitimación, mi mandante proviene de ser legitimario/a del/la fallecido/a, y la del/la demandado/a como poseedor/a sin título de la herencia del/la finado/a, titular de mi mandante.

III.- CUANTÍA

Se cuantifica el presente procedimiento en la cantidad de [CANTIDAD EN LETRA] euros, ([CANTIDAD EN NÚMERO] €).

IV.- PROCEDIMIENTO

El presente procedimiento se deberá sustanciar por los trámites del [ESPECIFICAR] y ello en atención a la cuantía del mismo.

V.- POSTULACIÓN Y DEFENSA

Deberán acudir las partes representadas por procurador y asistidas de letrado de conformidad con lo dispuesto en los **arts. 23 y 31 de la LEC.**

VI.- FONDO DEL ASUNTO

Es interés de esta parte traer a colación la sentencia de la **Audiencia Provincial de A Coruña n.º 1/2023, de 9 de enero, ECLI:ES:APC:2023:325**, que reza el tenor literal siguiente:

> «La causa de desheredación del artículo 853.1.º del Código Civil (prácticamente idéntica a la del artículo 263.1.º de la Ley 2/2006 de Derecho Civil de Galicia) ha de concretarse en una específica obligación de alimentos, entendidos conforme al artículo 142 del Código Civil como todo lo que es indispensable para el sustento, habitación, vestido y asistencia médica, con prueba de las circunstancias que eventualmente darían lugar a ello; en concreto un estado de necesidad, un requerimiento o petición a los eventuales y futuros herederos legitimarios y una negativa injustificada de éstos a prestarlos.
>
> De otro modo, es decir, cuando no consta la obligación de dar alimentos con el contenido y alcance del artículo 142 del Código Civil, ni la necesidad para subsistir de la persona que tendría derecho a ello, o cuando se acredita que el testador disponía de una capacidad económica que no le hacía merecedor de recibir alimentos, esta concreta causa de desheredación no puede prosperar.
>
> La Sala de lo Civil del Tribunal Supremo se ha ocupado desde antiguo (sentencias de 26 de marzo de 1993 y 4 de noviembre de 1997) de negar que pueda subsumirse en la negativa injustificada a prestar alimentos la ausencia de relaciones de los herederos con la fallecida; el privarle de su presencia en vida para reconfortarle en su última enfermedad, la no asistencia al funeral y entierro, etc.
>
> Más recientemente, en su sentencia de 2 de julio de 2019 (EDJ 2019/639181) el Tribunal Supremo se encarga de precisar lo que debe entenderse por alimentos a efectos de la causa de indignidad para suceder del artículo 756.7.ª del Código Civil (falta de prestación de atenciones debidas al discapacitado), alcanzando unas conclusiones que entendemos perfectamente trasladables al caso que nos ocupa:
>
> "Lo que haya de entenderse por alimentos lo determina el art. 142 del CC (EDL 1889/1). Integra su contenido el sustento, la habitación, el vestido, la asistencia médica, la educación e instrucción y el embarazo y parto.
>
> Basta la lectura del precepto para deducir, y así lo sostiene autorizada doctrina científica, que las atenciones debidas a que hace mención el art. 750. 7.ª CC (EDL 1889/1) son exclusivamente de carácter patrimonial, esto es, que el contenido de la obligación alimenticia es estrictamente patrimonial, económico y, por ende, desligado de toda obligación de carácter personal, como sería el cuidado de la persona del alimentado"».

Asimismo, el **Tribunal Supremo en su sentencia 401/2018, de 27 de junio, ECLI:ES:TS:2018:2492** que es traída a colación por la **sentencia de la Audiencia Provincial de Pontevedra n.º 79/2019, de 18 de febrero, ECLI:ES:APPO:2019:282**, se establece:

> «En el diseño legal actualmente vigente la legítima es configurada como un derecho del que solo puede privarse al legitimario de manera excepcional cuando concurra causa de desheredación: el testador debe expresar la causa, y al legitimario le basta negar su veracidad para que se desplace la carga de la prueba al heredero (art. 851 CC)»

VII.- COSTAS

En aplicación del **art. 394.1 de la LEC**, deberán imponerse las costas al demandado.

VIII.- *IURA NOVIT CURIA*

En todo lo no invocado resulta de aplicación el principio *iura novit curia*, plasmado en el párrafo segundo del punto primero del **artículo 218 de la Ley Enjuiciamiento Civil**, en virtud del cual serán aplicables las demás normas que sean de pertinente, especial o general aplicación, y que el juzgador podrá tener en cuenta de oficio sin necesidad de que hayan sido previamente alegados o invocados por alguna de las partes intervinientes.

Por todo lo expuesto,

SUPLICO AL JUZGADO:

Que tenga por presentado este escrito, junto con sus copias y documentos adjuntos, los admita, le dé la tramitación legal oportuna y, previos los trámites de rigor, dicte **SENTENCIA**, por la que **ESTIME** la presente demanda **DECLARANDO**:

- Que la legítima individual correspondiente a mi mandante asciende a la cantidad de [CANTIDAD] euros más los intereses legales desde la muerte de la causante.

- Que se declare la nulidad de la cláusula del testamento abierto otorgado por don/doña [NOMBRE_CAUSANTE] en fecha [FECHA], en virtud de la cual deshereda a su hijo/a totalmente don/doña [NOMBRE CLIENTE].

- Que el/la demandado/a está obligado/a a entregar a mi mandante la anterior cantidad de [CANTIDAD EN LETRA] euros, ([CANTIDAD EN NÚMERO] €) en concepto de legítima de su fallecido/a padre/madre.

- A pagar a mi representado/a la cantidad de [CANTIDAD] más los intereses legales desde la muerte del/la causante.

Todo ello con imposición de costas a la contraria.

Por ser de justicia en [LUGAR] a [FECHA].

Ldo.   Proc.
[NOMBRE LETRADO CLIENTE]   [NOMBRE PROCURADOR CLIENTE]

PRIMER OTROSÍ DIGO: siendo intención de esta parte cumplir con todos los requisitos legales, a tenor de lo previsto en el **artículo 231 de la Ley de Enjuiciamiento Civil**, se solicita se le diere traslado de cualquier defecto que adoleciere la presente demanda, para la inmediata subsanación de la misma.

SUPLICO AL JUZGADO:

Que tenga por efectuada la anterior manifestación a los efectos oportunos.

Por ser de justicia, fecha y lugar *ut supra*.

Ldo.   Proc.
[NOMBRE LETRADO CLIENTE]   [NOMBRE PROCURADOR CLIENTE]